Book cover by Zazie (Evi Moechel) - www.zazie.at
La Belle Inutile Editions Logo : https://pixelcat.at/

Copyright: Pierre Petiot
ISBN : 978-1-716-02417-7
Winter 2022

La Belle Inutile Editions

Printed by www.lulu.com

Primitive Accumulation of the Imaginary

Accumulation Primitive de l'Imaginaire

Contents - Contenu

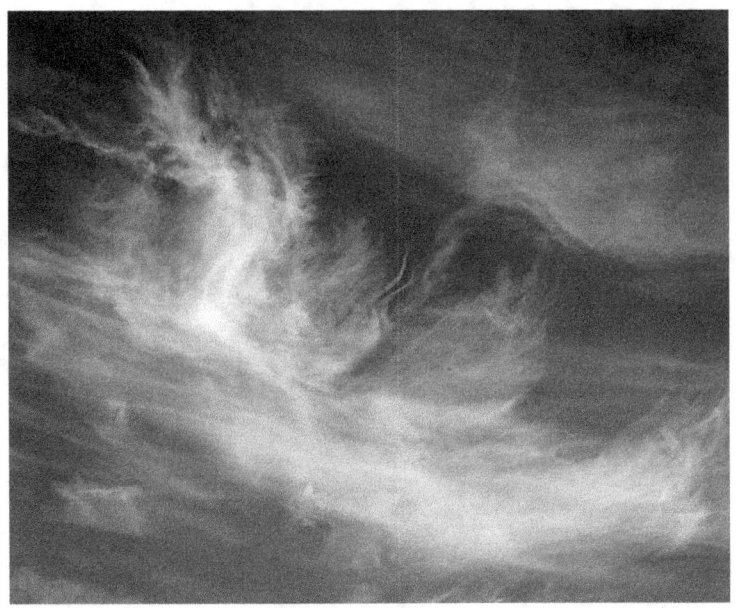

Photo : Zazie

Primitive Accumulation
of the Imaginary

Table of Contents

Exchange and Households

As Marcel Mauss, and many others have noted, hunter-gatherer societies and even to a large extent the first agricultural societies are economically self-sufficient. They hence produce everything they need by themselves. As a result, exchanges between these societies can only relate to essentially useless objects (in the sense of usual economic utilitarianism). When considered from the perspective that ordinarily prevails in our societies, this situation may seem strange. Why do economically self-sufficient societies bother to organize exchanges of *unnecessary* things?

One possible approach is to analyze the nature and structure of internal exchanges in so-called "archaic" societies as studied by Mauss, Malinovsky and many other ethnologists. One can indeed imagine that these exchanges between *internal* entities and internal sub-groups could subsequently serve as models for longer-range exchanges.

A first remark to be taken into account is the general observation that :

> To speak of the "economy" of a primitive society is in itself an

exercise in unreality. Structurally, the "economy" does not exist. [...] The economy is more a function of society than a structure, for the backbone of the economic process is provided by groups that are commonly accepted as "non-economic". In particular these groups are domestic groups, generally arranged in various types of family, which institute production. The household is to the tribal economy what the manor is to the medieval economy [...]

Marshall Sahlins *Age de Pierre, Age d'Abondance* P118-119.

Within domestic groups, we cannot really speak of exchange because exchange is actually daily, continuous, permanent in them. In fact, exchanges are nothing other than the life of the domestic group itself:

> L.H. Morgan has called the households economical project "Communism in action." A particularly happy formula because cohabitation is indeed the highest form of economic sociability: "from each according to their means and to each according to their needs" - adults are expected to provide what is incumbent on them under the terms of the division of labor , and they are provided, as well as the elderly, children and invalids, with what they need, whatever their contribution.

Marshall Sahlins *Age de Pierre, Age d'Abondance* P118-119.

But these remarks at the same time give us an identification of the first levels of internal subgroups between which exchanges can possibly take place. An identification which is admittedly very vague and highly dependent on the context of each of the considered societies, within which the size, nature and extent of the internal sub-groups, that is, of the households, may considerably vary .

We can cavalierly characterize domestic groups according to the old French Middle Ages adage :

« Manger, boire et coucher ensemble sont mariage, ce me semble »

"Eating, drinking and sleeping together are marriage, it seems to me"

This without prejudging the number of people involved and while admitting some restrictions on the strictly sexual aspects of "sleeping together", but none regarding the fact of sleeping in the same house or even the same room. Meals taken together constitute, moreover, a fundamental characteristic of the human species as an animal species, a characteristic on which one has generally paid little attention, but the daily exercise of which defines the domestic group, whatever the number and nature of the guests.

However, as Marshall Sahlins also notes :

> Not by its size, but by another, more important aspect of its composition, the household ensures control of production. For it contains within itself the division of labor which informs society as a whole. A household starts off with and at a minimum [...] is made of an adult male and an adult female. [...] The division of labor by sex is not the only economic specialization known to primitive societies. But it is the dominant form [...] in the sense that it can be said that the normal activities of any adult man considered in conjunction with the normal activities of any adult woman, practically come to the point of exhausting the customary mechanisms of society.

> **Marshall Sahlins,** A*ge de Pierre, Age d'Abondance* P122.

Let's consider how domestic groups economically support themselves, starting with the length and intensity of work they devote to sustaining themselves:

23

"In ordinary times (i.e. when people are not confined to their huts by bad weather), they can get enough to eat for the whole day in about 2 or 3 hours".

Quoted by **Marshall Sahlins**, *Ibidem*.P66

"When his affairs are going well, when de managed to obtain some game and he has water nearby, the aboriginal has a strong tendency to let himself live and, to someone outside, he might even appear lazy".

Quoted by **Marshall Sahlins**, *Ibidem*.P66

It will be noted with interest [...] that the Hadza refused the benefits of the Neolithic revolution in order to save their leisure time. Surrounded on all sides by farmers, they have until recently refused to adopt farming practices, arguing as the main reason that it would entail too much work.

Marshall Sahlins, *Ibidem*.P67

Unlike the civilized economies which their propagandists boldly called "consumer societies," but which Hannah Arendt much more correctly characterized as "work societies", in primitive economies one obviously only works in moderation. Such a moderation indeed, that it is very probable that at no period in its history has the human species ever worked so little...

The publication of Marshall Sahlins' book *Âge de Pierre, Âge d'Abondance* (Eng. *Stone Age Economics*) in 1978 caused quite a stir at the time because Sahlins showed in his book that people in primitive societies worked very little. All economists at the time were convinced that the primitives struggled to ensure their subsistence and lived in a frightful misery, from which only civilization had been able to extract the human species ... A prejudice somewhat marred by propaganda, and so deeply rooted that it had even made people blind to a number of photographs which clearly testified to the contrary.

But this weak extension, as well as this low intensity of labor in archaic societies, had a very reasonable justification in that it expressed the ecological constraints imposed on hunter-gatherers and to a lesser extent on early farmers. Any human group, even relatively small, quickly depletes the food resources of its neighborhood, and to over-exploit the environment would destroy the self-healing and resilient capacities of ecosystems. Hence the generality of nomadism among most primitive peoples:

> Sooner or later, and usually quite soon, a small number of people are enough to exhaust the food resources available at a convenient distance from the camp. [...] hence this first and decisive contingency of hunting and gathering economies : *movement*, the first condition for maintaining production at a sufficient level.
>
> **Marshall Sahlins**, *Ibidem*.P74

But this nomadism is quite peaceful , and indeed, rather nonchalant:

> Of course, hunters change location because a region's food resources are depleted. But we only half understand this nomadism if we see it as an escape from famine ; because that would be to ignore the fact that the expectation of the nomads is generally not disappointed, that they find even greener valleys beyond ... Also their wandering is not at all worried and it takes place with all the blissful nonchalance of a picnic on the banks of the Seine.
>
> **Marshall Sahlins**, *Ibidem*. P70

25

Nomadism nevertheless has a significant impact on technology, not on its sophistication , but *on its weight*. The technology of hunter-gatherers *must be light*:

> The usefulness of an object rapidly decreases due to the difficulties of transporting it. The manufacture of tools, clothing, utensils or ornaments, even inexpensive, loses all significance when they become more cumbersome than useful. [...] Ecological pressure takes on a singularly concrete form when it is exerted directly on your shoulders.
>
> **Marshall Sahlins**, *Ibidem*.P74-75

And nomadism also has notable consequences on the hunter-gatherer populations themselves...

> Much the same is true of demographic constraints. [...] We can coldly say that it is a question of sacrificing the advantages that, above a certain threshold, the cost of transport transforms into disadvantages, of sticking to the minimum equipment, of eliminating duplicate copies, etc. - hence the elimination of old people, the practice of infanticide, sexual abstinence during breastfeeding, etc. so many practices abundantly attested among hunter-collectors. If we say that they get rid of individuals who are "dependent", we do not mean by that the obligation to feed them but the obligation to transport them.
>
> **Marshall Sahlins**, *Ibidem*.P75

An observation that was made no less coldly by the French ethnologist Pierre Clastres in *Chronique des Indiens Guayaki* [Pocket - Terre Humaine - 2001].

But even among peoples less subject to the constraints of nomadism than hunter-gatherers, the technology implemented within domestic groups remains simple and no one really seeks to make it more complex:

26

There is a second, just as elementary correlation: the correlation between the domestic production mode, divided up and operating on a small scale, and a technology of similar size; generally tools are basic such that everyone can handle them independently. The supremacy of household economy has other technological limitations: the tools are rustic, "homemade", and therefore simple enough - like most techniques - to be accessible to everyone ; the production processes are unitary, non fragmented, they do not imply any elaborate division of labor, so that the same group or motivated individual can carry out the entire procedure, from the extraction of raw materials to the manufacture of the finished product.

Marshall Sahlins, *Ibidem*. P 122

In groups subsisting on agriculture, an equivalent of the need to maintain resilient ecosystems is the requirement to leave the land fallow for several years in order to allow it to regain its fertility. Most importantly, no one in fact sees any reason to push productive activities beyond what is necessary for daily subsistence.

The domestic production system assigns itself limited, qualitatively defined economic goals, as a way of life, rather than quantitatively identified as abstract wealth. Work is therefore not intensive, but intermittent, and everything is a pretext for stopping: any activity or cultural impediment, from the heaviest ritual to the lightest downpour. Economics in primitive societies is not practiced full time, nor does it involve the whole society. In other words, the domestic production mode conceals an anti-surplus principle; while suitable for the production of subsistence goods, it tends to freeze when it reaches this point.

Marshall Sahlins, *Ibidem*. P 130-131

And unlike in modern civilized societies, no one

27

cares about achieving the maximum productivity allowed by the context and the environment. In fact, where civilized societies fight the hazards by accumulating surpluses in anticipation of difficult days, we can say that archaic societies somehow store the surpluses *in Nature itself*, taking only the bare minimum, in order not to undermine the self-restoration capacities of ecosystems. Two opposing ways of trying to achieve the same goal of long term survival.

The fact remains that in archaic societies, no one seems to care about producing surpluses.

> Let's consider the ethnographic evidence of under-exploitation of resources: the fact that resources are often under-exploited and that a considerable margin of maneuver remains between actual production and possible production. In fact, it is a question of obtaining an intensification of the productive effort ; and the whole question is there: to achieve that people work more, or that more people work. [...] But any process of intensification of work will have to follow its dialectical course, because by many of its characteristics, the domestic production mode is refractory both to the exercise of political power and to any production increase. Another fact of major importance : the domestic economy is perfectly content to achieve the objective that it has set for itself: to provide for the subsistence needs of the household. The domestic production mode is a system that is fundamentally hostile to the formation of a surplus.
>
> **Marshall Sahlins,** *Ibidem.* P126

In fact, the production and the private retention of surplus is even, in most cases, frowned upon and considered frankly anti-social. If surpluses are created by a domestic group, they must be made available to the social body as soon as possible, most of the time in the form of feasts offered to the community.

The fact that "the domestic system sets itself limited economic objectives" is not without consequence in the sense that, obviously:

> A percentage of domestic groups never manage to secure their own livelihood although they are organized precisely for this purpose.
>
> **Marshall Sahlins**, *Ibidem*.P111

Although, and while as obviously too ...

> No Moala village seems to suffer from hunger while it is evident that some heads of households do not produce enough food to cover their subsistence needs. Moreover, no village - with the possible exception of only one - has any large surplus, although some households produce a lot more food than they can eat.
>
> **Marshall Sahlins**, *Ibidem*. P112

And here we touch the very heart of the functioning of exchanges between domestic groups, and the reasons why independent domestic groups are not viable in the medium or long term. And therefore we come to understand what ultimately constitutes them together as a society.

Marshall Sahlins expresses the intrinsic logic of domestic groups taken in themselves as follows:

> In principle, each household retains, together with its own interests, all the powers necessary for their actualization. Divided in this way into as many self-centered units without functional coordination, the domestic production mode is about as organized as the potatoes in the famous bag.
>
> **Marshall Sahlins**, *Ibidem*. P141

And yet, the chaos the underlying existence of which Marshall Sahlins here strongly suggests does not correspond to actual observations.

> [...] The primitive society is far from offering the image of this primary inconsistency. Everywhere the relative anarchy of domestic production is compensated by the action of vaster forces and a more coherent organization, by socio-economic institutions which unite households and make them all subject to the general interest. However, these powerful forces of integration do not operate at the level of the immediate and dominant relations of production.
>
> **Marshall Sahlins**, Ibidem. P141

And so it is this properly social level acting *above and beyond* domestic groups that ultimately « saves the day ».

> Obviously the domestic production mode can only be this "disorder lurking in the background", always present and never occurring. It never happens that the domestic group manages the economy alone, because the control of the domestic group on production would in itself be enough to precipitate the ruin of the economy. And there is no household that, subsisting on its own, does not sooner or later discover that it is not able to subsist alone. [...] In such a case, either the economic shortcomings of the system will be remedied, or the whole of society will irreparably perish.
>
> **Marshall Sahlins**, Ibidem. P145.

This is the result of an adage that does not appear in any thesaurus: *death is quite rare, but it lasts a long time.* If each household strictly produces only for itself, there will always come a time when an accident will lead it to starvation and therefore to its complete and definitive disappearance, hence depriving the overall community of its productive capacities for eternity. The pooling of food resources at a level higher than that of the household ensures that most frequent accidents will be absorbed by this higher level and that, except in the case of a natural disaster *affecting all the households at the same time*, thanks to the group's solidarity rules, each household is guaranteed to survive the vagaries that are sure to occur in the medium and long term. Conversely, the survival of each household to most frequent production accidents, guarantees its ability to participate in the general solidarity in case of need, and therefore to help out any other household which encounters difficulties. Difficulties that will only be *temporary* due to the solidarity between the households.

> Also, the domestic production mode requires to be countered, transcended. And this, not only for technical reasons related to cooperation, but because the home economy is as unreliable as it is apparently functional: a private scourge and a public threat. Among the means to remedy this constitutive instability, the most important is the extension of kinship obligations: the establishment of an extended kinship system.
>
> **Marshall Sahlins**, *Ibidem*, P178

General solidarity is essentially organized on the basis of kinship relations, which are much more extensive and richer in archaic societies than in modern societies, where they tend to be restricted to the nuclear family. And we can easily understand why. The richer and more extensive the kinship ties, the more effective the "insurance" functioning of mutual assistance between domestic production units will be, in terms of its "smoothing" effect of hazards that shall *almost certainly* occur in the medium or long term.

In this sense, the fact that, chronically, a part of

31

the domestic groups (but not necessarily always the same ones) do not manage to ensure their own subsistence, acts, *for all the domestic groups*, as a permanent reminder of the fact that, without the properly social level that transcends and surpasses them, none of them would still be there to talk about it anymore.

All the more so since, despite the almost "official" assurances that solidarity between domestic groups is a golden law to which everyone subscribes with enthusiasm and without the slightest restrictions, some creaking persists on all occasions which, while being kept more or less less secrets are no less unpleasant:

> The Bemba, for whom a parent is someone given food, define a wizard as someone who comes and sits in your house and says, "I think you're going to cook soon. Here is some beautiful meat!" Or "I think the beer will be ready this afternoon." [...] And the Bemba housewife, in order to evade the obligation of sharing, hastens to hide the beer when an old relative pops up: " Alas my good sir, poor us! We have nothing to eat. "
>
> **Marshall Sahlins**, *Ibidem*. P172

Behaviors that are more or less kept secret, but which are reminding in the background that well-ordered charity begins with oneself and that it is wise to help yourself with food as soon as possible, before the time for community sharing comes:

> "While it is still raw, the food remains in your possession, once cooked, it passes to another" ... "Grill your rat [a favorite food of the Maori] with its fur, lest someone disturb you. "- Maori adages.
>
> **Marshall Sahlins**, *Ibidem*. P173

Because the exercise of the duty to share may happen to leave some feelings of bitterness ...

> "A happy heart is gone, a sorrow spirit remains."

Marshall Sahlins, *Ibidem*. P173

The "communism" that Morgan talks about in relation to internal relationships within domestic groups tends to be diluted as kinship ties are diluted and tends to turn into a simple "give, accept and give back" ...

> Between distant relatives, any material relationship takes the form of a symmetrical exchange; but the closer one gets to Home - to the domestic group living under one roof - the more disinterested the exchange becomes ; payment delays or even the outright lack of reciprocity are admitted.

Marshall Sahlins, *Ibidem*. P175

That said, of course, the properly social level in which the domestic production units are organized does not only fulfill this sole function of insurance against the vagaries of food production, but also authorizes collective enterprises of a more technical nature and of a larger scale, although they do not necessarily daily contributes to the general survival of the group:

> Without the feasts [said a Wogeo] we would never be able to collect all of our chestnuts, or plant so many trees. No doubt we would have enough to eat, but we would never have really big meals (Hogbin, 1938-1938 P324)

Marshall Sahlins , *ibidem*. P178.

Beyond chestnuts and chestnut trees illustrated by this example, the same obviously applies to what affects, for example, episodes of big game hunting or of big fishing for which the cooperation and synchronized action of an important number of people is a critical success factor.

But it should be pointed out as well that the primitive communities are constantly threatened with bursts and fissions..

> Left to itself the domestic production mode of tends towards a maximum dispersion of households because maximum dispersion is absence of interdependence and absence of common power, and all in all, this is how production is organized. If within the domestic circle the decisive movements are centripetal, between households they are centrifugal [...] a process which is generally hampered in practice by larger institutions responsible for ensuring order and balance.
>
> **Marshall Sahlins,** *Ibidem.* P143.

The trouble is that "larger institutions" only "generally" succeed in ensuring order and balance *but not always.* So much so that things sometime end up impacting the distribution and remoteness of the villages. For example, the ethnologist Carneiro cited by Sahlins is surprised that the villages of the Amazon rain forest do not bring together the 1,000 or 2,000 inhabitants that their agricultural practices would normally allow them to feed, and he concludes that the root cause of this situation is in no way economical:

> I argue that a more important factor is the ease and frequency of village fissions, occurring unrelated to [subsistence techniques]. These phenomena occur so easily that it is difficult to see how the villages could experience an increase in population that could be suspected of putting a heavy strain on the production capacity of the land. It seems that the centrifugal forces that cause the villages to break up reach a critical point before this

may happen. [...] When a village in the rain forest reaches a population of 500 or 600 people, the tensions and pressures within it are probably such that an open schism leading to the swarming of the dissident faction is likely to arise (Carneiro, 1968, P138)

Marshall Sahlins, *Ibidem*. P144

And above all, the remoteness and dispersal of dissident parties is always better than open warfare, because ...

Where the right to require force is held in community and not monopolized by the politicians, prudence takes the place of courage and distance in space constitutes the best security. As long as it minimizes conflicts over resources, wealth and women, dispersion ensures the most effective protection of goods and people.

Marshall Sahlins, *Ibidem*. P 143.

We can conclude that if the human species ended up invading the whole Earth, it is not because Sapiens would be a species of born explorers driven by the taste for adventure and scientific curiosity, but at least partly and much more simply to avoid disputes and conflicts.

The fact remains that the most used and most effective way to prevent and avoid conflicts, in other words to guarantee peace, are donations, gifts, because ...

As the Bushman says: the worst is not to give gifts. If people don't like each other and one of them gives a gift, then the other has to accept and that brings peace between them. We give what we have: this is how we live together.

Marshall Sahlins, *Ibidem*, P236

The wisdom of the Bushman has the merit of obviousness and clarity, which is not always the case with the interpretations of Marcel Mauss in *L'Esprit du Don*. The gift is critically important in softening enmities and for the same reason it is also critically important to accept a gift. As for the counter-gift, it is required for the continuation of exchanges and to consolidates peace.

It turns out that the Game Theory from 1974 (Anatol Rapoport) and then competitions between computer programs (Robert Axelrod 1979) established that one of the best interaction rule of between individuals or groups was the rule Cooperation-Reciprocity-Pardon (CRP) which reads as follows:

1. Cooperation: At first, when an individual or a group meets another individual or group, it is in their interest to propose an alliance.

2. Reciprocity: Secondly, under the rule of reciprocity, one should give to the others according to what one receives from them. If the other helps, you must help it in return; if the other is attacking, you must respond by attacking him in turn, on the next blow, in the same way and with the same intensity.

3. Forgiveness: The third step is to forgive and offer cooperation again.

The least we can say is that the Bushman cited above by Sahlins understood very well that this CRP rule was the most advantageous for all, without the help of Game Theory or that of competitions. between software programs. But Marshall Sahlins, who published the English version of *Âge de Pierre, Âge d'Abondance* in 1972 could not but ignore this result of Game Theory which was only suggested in 1974 by Anatol Rapoport and was only more firmly established by Robert Axelrod in 1979. Of course, this is even more true with regard to Marcel Mauss, whose *Essai sur le Don* was published in 1924. But both Marcel Mauss, and Marshall Sahlins in the chapter he devotes to the analysis of Mauss's text in chapter 4 of *Âge de Pierre, Âge d'Abondance*, are not mistaken about the essential: the triple obligation to "*give-receive-return*", create a state of dependence which authorizes the permanent recreation of the social bond.

From a somewhat "Darwinian" point of view, the generality of the spirit of giving - i.e. the CRP rule - in archaic human societies seems to show that human groups that did not practice it have statistically disappeared. The same Darwinian mind will point out somewhat slyly that actual human practices of inter-group competition had long established in the concrete of things, over the course of several hundred thousand years of Sapiens existence, that the CRP rule was the most advantageous for the survival of the species, and this, without the help of any competition between computer programs whatsoever. But as usual, if it went without saying, but it's still better saying it.

Just an hypothesis along the path : Could it not be that the relatively recent increase of the Sapiens species populations compared to other species like Neandertal corresponded to the discovery of this CRP rule allowing to go beyond what Sahlins calls the *domestic production mode*?

However, to end this voluminous chapter, while paving the way for those to follow, let us observe that those who have something to offer are generally much better considered within any human community than those who, either out of stinginess or because of extreme poverty, are unable to give anything.

> The Sa'a have two words to designate the festival, ngäuhe and houlaa: the first means "to eat", the second "glory" (Ivens 1927 P60)

Marshall Sahlins, *Ibidem*, P178

"Eat" and "Glory" ... The whole logic of the feasts taken together can be summed up in these two words. Because giving is also the way to gain fame and prestige. And this is the open door to what some like to call "politics":

> In primitive societies, the political game is played beyond production, at a higher level, with gifts such as food or other processed products; in this case, the most skillful gesture, as also the most coveted property right, is that of lavishing one's possessions.

Marshall Sahlins, *Ibidem*, P139

A quote in which Sahlins, without telling it to us too explicitly, tells us that *the "political" game is played beyond need*. This will be confirmed, as we will see later, by the analyzes of another ethnologist: Brian Hayden.

Let's sum up ...

Ecological constraints imply nomadism and consequently a "light" technology.

Ecological constraints and nomadism imply population control which manifests itself, for example, in infanticide and the abandonment of old people among hunter-gatherers.

Ecological constraints require low productivity in order not to exhaust the environment and to allow the restoration of ecological systems, which implies not to make stocks.

Ecological constraints also require an underutilization of resources in order to constitute another insurance mechanism in the sense that there is always a part of unused resources available as reserve margin and (natural) stock in the event of an accident of 'geological' extent.

The requirement of low productivity and the avoidance of stockpiling leads to a certain fragility of households which is only compensated by the insurance against relatively frequent production accidents provided by the social level. Stocks are frowned upon because they violate the imperative "give, accept, return" which is the fundamental mechanism that holds society together. The exchanges, the gifts are what permanently (re-)constitute the properly social level which protects against productive hazards and aims to prevent dissension and wars.

In conclusion ... It could be that mankind is about to be inflicted another "narcissistic wound" according to the words of Sigmund Freud. The first having been, as we know, the *Copernican wound* under which the Earth is not the center of the Universe, the second, the *Darwinian wound* under which man is, after all, only an animal, the third the *Freudian wound* at the heart of which is that *the Ego is not the master in his own house*, and the fourth revealed to us both by ethnology and the current crisis, the *ecological wound* in the terms of which not only man is an animal like any other, but, technology or not, man is subject to ecological constraints like all living beings.

What all of these narcissistic wounds have in common is that they have their origin in classical religions which all, absolutely all, are rooted in the *Neolithic*, as their texts clearly show.

The Value of the Useless

We may now come back to our original question: why then do societies that economically speaking need nothing, yet go to the trouble of organizing exchanges of *useless things*?

We have seen that the central function of exchanges between domestic groups is to allow the very existence of the properly social level which overlooks domestic groups and facilitates their medium and long term survival. This properly social level constitutes an insurance system intended to cushion both productive hazards and the emergence of inter-group conflicts.

The function of the "feasts" by means of which the properly social level regenerates itself and *temporarily* reconstitutes the "communism" internal to domestic groups whose fundamental characteristic and central mechanism is having meals together. This function persists everywhere in the civilized world (particularly in France) because communal meals, feasts and banquets remain frequent and accompany a large part of "celebrations" » and « festivals » without anyone suspecting their " Paleolithic "origin.

Another important aspect of the "feasts" is the added value of *prestige* and *glory* that they confer on the groups that organize them and offer them to the community or other domestic groups. The gifts and donations of food thus acquire a value which is not directly utilitarian, but which nevertheless remains transitory since once the food has been eaten, it has been destroyed. With this tradition of "feasts" the accumulation is therefore impossible, and *the only thing that can be accumulated in fact is the glory of the donor groups.*

Beyond the *local* properly social level which overhangs the domestic groups, the same mechanisms can be extended - and are actually used - for the establishment and / or the maintenance of links between geographically close groups. And this function is indeed attested in all ethnographic studies. This may correspond to celebrations and in particular to feasts taken together. But it may also correspond to *exchanges of gifts* between groups, which poses the fundamental question of understanding *what makes the value of a gift*, and particularly of an essentially *useless gift*.

On the other hand, the above argument cannot explain the existence of long-distance exchanges, of the order of several thousand kilometers, which involve groups which can hardly know each other and between which the need to establishing or maintaining links between otherwise autonomous communities makes little sense. It is therefore a question of understanding the reasons why autarchic human groups exchange useless objects over distances of the order of several thousand kilometers.

So, for example, when I was a child, we happened several times to discover Neolithic tools made of green stone. Our region abounds in very good quality flint which is found everywhere and which one only needs to bend down to pick up, but there is no deposit of green stone. Yet, information taken ...

[https://fr.wikipedia.org/wiki/Roche_verte]

this green stone comes from the Alps of northern Italy and has been the subject of heavy traffic in much of Europe:

[https://www.researchgate.net/publication/296694881_LES_RO CHES_VERTES_ALPINES_PRODUCTIONS_ET_CIRCULA TIONS_NEOLITHIQUES_EN_ITALIE_SEPTENTRIONALE/l ink/56d86a9508aebe4638b851f2/download]

This same attraction of neolithic men for green stone objects is found elsewhere in other parts of the world.

As far as my region (France, Center-Val de Loire) is concerned, the abundance of flint, in no way justifies the need to source "exotic" rocks for utilitarian needs.

One of the reasons that seems to me to be able to found this type of exchange is *aesthetic emotion*. That is, the fact that these objects circulate primarily because they are beautiful, curious, interesting, "magical" and in short, in one way or another, *aesthetically moving*. The tendency of human beings to be curious, and the very strong sensitivity of the species to aesthetic emotion, which are very probably one of the consequences of the size of our brain, indeed seem to be the most important in the entire animal kingdom. However, just because they seem - and by far - to be the most important in the entire animal kingdom, does not mean that they are the privilege of our species. It is not difficult to observe them in mammals - including our cousins the great apes. They are even more prevalent in birds, where they are involved in the sexual selection of mates. The case of Bowerbirds

[https://en.wikipedia.org/wiki/Bowerbird]

is particularly spectacular. The curiosity of the black-billed magpies has also been often noted.

These tendencies towards curiosity and aesthetic emotion are manifested in all human civilizations and historically they are found at the source of the heterogeneous collections of « cabinets de curiosités » :

[https://fr.wikipedia.org/wiki/Cabinet_de_curiosités]

or "Wunderkammer" or their many equivalents from many eras, such as, for example, the habit of giving gifts of exotic animals among high-ranking princes and nobles or of creating royal or princely collections of rare animals. To say nothing of contemporary tourism or the simple mania for gadgets ...

But it turns out that aesthetic emotion is a mystery - especially to those who experience it - and that it tends to escape reason. It is evident, of course, but it is always difficult to justify it by any kind of " because ... ". To the question "why do you love or find such and such a thing beautiful?" », what sort of answer may we provide ? What justification can we give? So that, until today, the role, the mode of functioning and the evolutionary history of this type of emotion, whether in birds or in other animals, humans included, is rather poorly understood, so much at the scientific level than at the social level and even in the most everyday aspects. This was obviously even more the case among ancient peoples. The question therefore arises as to what a human brain can do with an emotion for which it *does not clearly identify the source*, and for which it *does not know how to give the reasons*. Yesterday and still, today, in many cases the human mind is *deeply impressed*.

What happens in a group when a human being is the owner of a beautiful, curious, or mysteriously impressive object? The answer that immediately springs to mind is that owning a beautiful, curious, or impressive object makes the owner himself or herself impressive to the other members of the group. In other words, this human being acquires *prestige*.

This shows that prestige essentially consists into the privative appropriation of aesthetic emotion, in the sense that *the aesthetic emotion initially associated with an object, is transmitted from this object to the owner of this object*. When the owner

45

manages to accumulate a large enough number of prestigious objects, quantity turns into quality, the special emotional charge associated with each object is no longer even noticeable and almost completely disappears, so that it is the owner himself who becomes the object of a specific sort of aesthetic emotion, that is no longer associated with any specfic object, and is then *entirely transformed into pure prestige*. So, if an upstart buys a yacht, the People still have the opportunity to judge the aesthetic qualities of the yacht. With the second yacht, the more down to earth among the People will perhaps still risk comparing the merits of the first and the second yacht. With the third yacht, the upstart himself will be compared to his peers.

This aesthetic emotion, when it tends to transform into pure prestige, becomes an emotion of an almost religious quality. The "magic" of the thing has passed into the man and now the man himself has turned magic.

This phenomenon alone can explain the fact that artists and poets have always been employed by the Wealthy... and remain so, since art collections are rarely made by the poor or the tramps (although it does happen sometimes). But it is also the only likely explanation which makes it possible to account for the construction of tombs, castles, manors, palaces, temples and cathedrals, dolmens, menhirs, stone circles, alignments of megaliths, pyramids and other monuments in all civilizations where the control of the collective economic power acquired by the dominant individuals or groups allowed them to undertake the erection of such monuments.

What is important to understand is that what is at work, in this universal mania for buildings and prestigious objects, is a particular alchemy which consists in *transforming real natural elements into imaginary*. By natural materials we mean here - rocks, metals, precious stones, but above all, *human labor* which involves the supply of food to the workers who are thus diverted from productive tasks.

What the inegalitarian power does in fact everywhere and in all times, is *the transformation of the real into imaginary*. Because obviously, the function of all these buildings is purely imaginary. They will not impress the rain, the sun, the frost, or the wind which will end up transforming them into ruins, nor the birds which will relieve themselves on them, nor the plants which will end up settling there, shattering the materials which constitute them and destroying them in the end almost entirely.

It is just as difficult to imagine that the general tendency of human beings to adornment, although possibly born out of individual aesthetic pleasure, could have any other function than *social*, that is to say other than that of impressing - oneself and/or one's fellows. Adornment had long been seeming to be a specific trait of the Sapiens species, before it came to be seen in the Neanderthals as well. Its presence in graves has often been used as a pretext to attribute a religious origin to it, ignoring the obvious fact that before men come to decorate their dead, it is still highly probable that they started by decorating themselves alive.

Aesthetic emotion is clearly of biological and not social origin. It is by no means specifically human, since it is already found, for example, in birds. Its role in the biological evolution of the human species therefore necessarily pre-exists its social use, and everything suggests that beyond or below its social use, it fulfills important cognitive functions which remain largely to be identified and to elucidate.

But as for the social aspect, aesthetic emotion is at least one of the sources of prestige, individual - male or female - or collective, lineage, clan, tribe, or class and has participated for a very long time to the establishment and maintenance of inequalities in all hierarchical, weakly hierarchical or even very weakly hierarchical societies.

Of course, aesthetic emotion is not the only source of prestige. This is also the case for the warrior value, the number of women monopolized by the Powerful (married or not) and, where applicable, the labor force or the wealth to which the women offer access to their husbands, masters and owners. In historical societies, which are strongly hierarchical and whose hierarchy is generally maintained by propaganda, deception and only ultimately by force, it goes without saying that the number and extent of properties and goods, as well as the number servants - armed or not - and the number and quality of allies, or more generally the quantity and quality of the resources available and that may be mobilized, also constitute elements of prestige.

Nonetheless, it can be noted that while aesthetic emotion is one of the sources of prestige, it also always seems to be one of the end points of power and wealth. Consulting any "celebrity" magazine helps ensure that the powerful ones generally take care to choose desirable wives and / or provide them with the care and adornments necessary to become or remain so. Once again we can only note that the aesthetic emotion (and of course possibly sexual) thus dispensed to the People as well as to the peers of the privileged, - and therefore their possible competitors - *always comes to crown* any kind of "power", whether it is of political, military, economic or financial origin.

However, what it is above all a matter of analyzing here is *the origin of prestige* - the prestige of individuals or groups - within originally egalitarian societies where the arts and techniques are comparatively much less developed than in historical societies, and where, above all, the ecological limits associated with hunting-gathering or even primitive agricultural production methods constrain to nomadism, which restricts the quantity of objects that one can "possess" to what you can carry with you. This is why, as Marshall Sahlins observes from historical testimonies of the first Europeans during their contacts with "primitive" peoples, most of the time the "primitives" played between a few hours and a few days with the objects offered to them by Europeans and after that, abandoned them on the spot. Having no practical use, of them, they had little reason to get encumbered with them when traveling.

Things change drastically with the domestication of pack animals (which relieve the shoulders of men and above all, the hips of women, but which does not intervene before - 10,000 years), which allow the transport of a greater number and of a greater diversity of objects, and especially with the sedentarization which allows the accumulation of objects of all kinds without practical drawbacks.

However, the practice of agriculture does not necessarily lead to long-term sedentarization. Agriculture must take into account the drop in yields linked to soil depletion, as well as the proliferation of pests and diseases linked to growing the same plants in the same places. For example, the Indians of French Guiana used to change cultivation places every 3 years in order to avoid the increase in populations of ants-cassava which devoured the crops. Following the injunctions of the missionaries to whom these perpetual displacements did not suit, they agreed to settle down and quickly found themselves in a situation of famine. [Cf. *Indiens et Français en Guyane* by Jean-Marcel Hurault]

In nomadic, self-sufficient hunter-gatherer societies, isolated from one another, where the population is often small and the distribution of groups sparse, the number and variety of objects produced are low, so that the means enabling individuals to standing out within groups - which are also strongly egalitarian - are ultimately quite rare. Individualism is moreover underdeveloped there and the group spirit strongly dominates compared to what can be observed in historical societies.

Even if these "stone age" societies are doing quite well materially, both in terms of food and everything related to immediate needs, one of the observations made by Marshall Sahlins in his book *Age de Pierre, Age d'abondance*, is that *one gets bored there*. The most varied occupations being essentially chatter, gossip, feasts, internal and external conflicts, and of course, the more or less discreet conquest of the neighbor's wife or the neighbor's man. All things which have certainly lost nothing of their relevance in the modern world, but which also have their limits - even in the modern world - limits which are easy to observe in any human society i,n which any occasion of to exceed them is systematically greeted with an often unbridled enthusiasm. It is, moreover, the mainstay of all forms of advertising.

Derivatives of the Aesthetic Emotion

I have hardly emphasized magic so far, although magical objects are among the "useless" objects traded in exchanges between "primitive" communities. However, there is a difference between two meanings of the word magic, although this is not easy and may be partially artificial or even unfounded.

On the one hand, any aesthetic emotion can be qualified as "magical" as soon as it is sufficiently intense. It is for example this aspect that André Breton sought to elucidate in his book *L'Art Magique*. In this particular sense, any somewhat powerful aesthetic emotion is magic in the sense that it arises in the minds of men as a sort of revelation, without it being possible to assign it to a clearly identifiable cause. So the ancient poet-prophets, stunned by the revelation of the power of their own thoughts, came to believe that it was God or a god or at least a demon speaking through their mouths. Likewise, ancient poets were believed to be inspired by the Muses [Daughters of Zeus]. It may seem a little naive to us today, no doubt, but it suffices to replace the word "God" by the word "Unconscious" to understand that deep down, nothing has really changed. Any discoverer, any inventor, any innovator - and in mathematics perhaps even more for that matter - knows better than anyone that the "Spirit" blows where it wants and when it wants, even if historians will end up, a posteriori, by rationalizing the things

But magic and religion seem to me to have a part to do with aesthetic emotions, too, albeit unmistakably darker aesthetics and possibly rather repulsive or macabre. Because after all, unless we believe that the magic really - physically - operates we are forced to face the evidence that it is through the more or less esoteric staging (And theater is an art!) which indeed *constitutes* them - that the operations of magic work.

Magical practices must of course have an *esoteric* character, but they must also have an *exoteric* character, that is to say that their existence must be recognized throughout society so that their power can become real and effective. So my father-in-law, a West Indian of Chinese, European, African and Caribbean origin, had kept his prescription revolver and periodically used it at nightfall to "chase away spirits", he said with a smile... A practice of undoubted efficiency but nevertheless somewhat relative in that it did not prevent various strange objects and small bags with rather unappealing contents from being placed in different places in the garden... Let us recall in passing that *Quimbois*, - which is the name of magic in the French West Indies - unlike Voodoo, is not of African origin, but European and even more precisely from Normandy.

In Western societies, an abnormal sequence of anyone's misfortunes or anyone's death, even though they were secretly organized by some obscure wizard, will certainly not appear to be of magical origin for the simple reason that in these societies, magic is no longer widespread and has become so secret that its existence has been even forgotten. But almost everywhere else, magic is a considerable (public) force. A force that makes the general social atmosphere extremely heavy and painful to bear, even for passing strangers. Whether you believe in magic or not, we live a lot better without magic. Without even going too far, this is still also true in certain areas of France.

It should be remembered that aesthetics are not only associated with beauty, magnificence, the sublime or novelty, but equally with obscurity, horror and terror. Then again, the permanence of horror films, fantasy novels, and illustrations as well as miscellaneous and crimes news magazine contents tell us about a dark side, officially despised, undervalued, but far too overlooked in terms of aesthetics.

Likewise, it has become customary to think that art would have its origin in religion ... Given the undoubted existence of aesthetic emotions in a good number of animals, it is quite astonishing that we do not have not rather considered the reverse. After all, while there is no shortage of evidence of aesthetic behavior and sensitivity in birds (or even in certain fish), evidence of religious feelings in birds is quite lacking. It would therefore be more reasonable to consider the religious as deriving from the aesthetic sense than the other way around. Especially since, if the common opinion praises the fine arts while pretending to ignore the existence – however undeniable, and the consequences, at least as important, of what we must resolve to name the aesthetics of the Horror – we know that both are present and intimately linked in the feeling of the sacred where the beautiful, the sublime, ecstasy, trance, loathing, horror and terror are inextricably intertwined. So that it would probably not be unfounded to speak of aesthetic orgy about religion ... If it were not also involved in a completely differenty ingredient, which is prestige and the power of influence, and therefore the privileges, which priests of all kinds and their secular associates derive from it. But also, and long before the priests, the many secret and / or initiatic societies, that are so common in "primitive" societies, which arrogate to themselves the exclusive property of the supernatural, even if it means charging for it in one way or another the access rights to both insiders and the uninitiated.

The Childhood of Chieftains

In the following pages, I shall rely on the excellent book *Naissance de L'Inégalité* by Brian Hayden

[https://www.cnrseditions.fr/catalogue/sciences-politiques-et-sociologie/naissance-de-linegalite/]

which synthesizes both information of ethnological and archaeological origin as for the slow transition which allowed certain types of individuals - or groups and lineages - to occupy more and more favorable positions within societies where a much stricter equality reigned beforehand. . Contrary to what the legends of historical societies suggest - including our own - in ancient societies, power is not acquired by force. "Archaic" societies are by no means governed by the "law of the jungle". A perfectly imaginary law, moreover with regard to the jungle, as evidenced by the very documented books of *L'Entraide, l'autre loi de la jungle* by Pablo Servigne and Gauthier Chapelle and the much older book by Pierre Kropotkine, *L'Entraide, un Facteur de Evolution* ...

The "Law of the Jungle" may, no doubt, seem reasonably appropriate to describe certain aspects of the usual course of events in Capitalism, but as such, it cannot constitute a key element of the theory of biological evolution, let alone a key element of the theory of any rational understanding of the way ancient societies actually work.

> The early chieftains must have very quickly realized that gaining wealth and power through brute force alone could backfire and lead to their expulsion or discreet execution. Coercion was far less effective than scaffolding plans promising benefits to other members of the community, plans combined with judicious use of force if it could be done with impunity.

Brian Hayden, *Naissance de l'inégalité*, P33

Egalitarian and trans-egalitarian societies (ie in transition to inequality) have therefore put in place mechanisms allowing them to fight the actions of ambitious people who are too arrogant or enterprising.

> In 1995, I argued that communities have their free will. If they perceived that an individual's behavior was detrimental to the superior well-being of the community members, that individual was killed or forced to leave. These forms of control are plentiful, and during my work in the Mayan mountains I have heard many stories told of how they worked. It would therefore appear that these ambitious leaders and elites could not risk doing anything to threaten the well-being of other community members or face reprisals (which is in opposition to other political theories based on the use of strength, like those of Antonio Gilman). If the chieftains could not obtain advantages by threat or force, then they were forced to use trickery to get other members of the community to agree to participate in activities aimed at developing the surplus.

Brian Hayden, *Naissance de l'inégalité*, P32

But the cunning and the justification of the

58

ambitious' enterprises on grounds of general interest are however only possible when they do not significantly harm the basic needs of the people.

> It seems clear that the activities of the chieftains, including the appropriation of the resources providing the surplus, [...] can only be tolerated if each one is assured of his own livelihood.

Brian Hayden, *Naissance de l'inégalité*, P32

The Tricks of the Gift Spirit

The fundamental argument of Brian Hayden's thesis about the birth of inequality, is that inequality does not develop in societies that are experiencing economic crisis, but on the contrary *in economically prosperous societies that produce surpluses easily and stably.* This *stability* in the production of surpluses is an essential argument, because it is not possible to establish a policy of lasting prestige based on the use of surpluses which would not be stable. It is only when the production of surplus becomes reproducible that they can then be extorted by means of trickery by the ambitious, without first harming the victims too much. Especially since these surpluses are primarily intended as gifts liberally distributed to the population, meant to be used for gaining prestige by apprentices chieftains in need of leadership.

> All the major development activities of the elites and proto-elites were based on the production and use of surpluses, whether they were intended to give feasts, presents, dowries, to make alliances, to trade, to acquire. prestigious objects or any other activity.
>
> **Brian Hayden**, *Naissance de l'inégalité.* P32

In an egalitarian community, the one who gives gifts is generally more popular and therefore more prestigious than the one who does not. But we will see that by means of the logic of "Must give - Must accept - Must give back", the one who gives a lot obliges the one to whom he gives to accept the gift (under penalty of creating an open conflict) and to return more, and this whether the latter happens to have the means to do so or not. This seemingly all-out generosity strategy therefore also consists in forcing the poor to become further impoverished, until they possibly become insolvent. The mechanism is therefore double-acting. On the one hand it allows to increase the glory of the candidate for chiefdom by means of generous gifts, but on the other hand it also allows to ruin the reputation of the poorest by making them appear as tight-fisted or as lazy producers and ultimately to weaken their economic situation. While it does not necessarily enrich the generous donor, the "give - accept- give back" system at least deepens inequality by overwhelming the poorest. The argument used by the rich and powerful to discredit the poor has not changed one iota since the early days of the beginnings of the establishment of inequalities: the poor are *lazy*, *incapable*, or *mentally handicapped* people whom "society" should abandon to their lamentable fate. In short, *losers* according to the *Protestant* ethic in force everywhere.

It should be noted in passing that the principle of the game is to buy some imaginary - in this case fame and prestige - by means of unnecessary surpluses in terms of real food needs. We are here therefore already seeing the tip of the nose of money, which also consists in transforming elements of the real into a generalized abstraction, that is to say into imaginary. This is achived on the very basis of a requirement of equality which obliges the donee to return to the donor a little more than he has received. This "a little more" does not correspond at all to the notion of interest associated with a loan, but to this slight excess which makes it possible to ensure without possible dispute that the counter-donation is at least equivalent to the initial donation and that the donor has no reason to complain because it is "well served". This tradition of the small surplus has not lost any of its relevance in historical societies where it is very easy to observe it. The fact remains that, although apparently paved with the best egalitarian intentions at the root, the "give - accept - return" system sets up the creditor-debtor relationship, and thus begins to create debt, in other words inequality. Also, as the fact of refusing a gift is generally very frowned upon, if not a cause of anger or eternal enmity, the more one gives to a poor person, the poorer this person becomes. It is this "small surplus" that ends up drifting into the potlatch, dragging entire companies into reckless prestige spending.

There are several ways to put oneself in a position to give gifts in an egalitarian society where one unfortunately cannot peacefully exploit his neighbor as in historical societies ... One of them is self-exploitation, as is the case in the Melanesian *Big Man* societies described (for example) in Marshall Sahlins' book where the *Big Man* works harder than others in order to have gifts to offer and thus obtain universal - albeit local - *fame* and *recognition*.

Another way of acquiring what to make gifts, also mentioned by Marshall Sahlins among the Maori, is to find accomplices to organize looting raids among the neighbors in order to distribute the loot among the domestic groups of your own village, who will not fail to sing the praises of generous donors. It's a difficult job however ... Not only do you risk losing your life - the neighbors having the bad taste not to let yourself steal them - but in addition, you find yourself subject to competition from your accomplices who, if they consider themselves poorly remunerated for their warlike efforts may consider setting up their own business. Besides, people are ungrateful and if you fail to be generous too long, they may well prefer someone else over you . A true chieftain should be generous and if he fails to be so, then he is no longer a chieftain. Worse, if he protests or sticks to his mistakes, the spears get lost in the night - nevertheless hitting their target - and during vigils, everyone will recall the sad story while whispering that we are not much after all ...

On this subject, it will be remembered that quite recently, in the West itself, besides the fact that the feasts and the drinking bouts are well attested among the Celts, it seems that in the Arthurian tales, the prestige and even the royalty of Arthur may be questioned when an intervenor makes a request to the king that the latter is unable to honor ...

The Art of Making Yourself Prestigious

The wisest way is therefore to gently strip the people of your village or of your People or Tribe, of their property, or better, because this is even more discreet, the community itself and its commons. And for that, it is better to be cunning and advance as masked ... The recipes are known, proven, and moreover still in force in historical societies which, for having invented many others, do not in any way disdain to use old ones. Brian Hayden has listed 13 such strategies, which I organize in a different order from his below because his analysis argument is economy-oriented while mine centers on the role the imagination plays.

Donation-based strategies aimed at creating debt

Establishment of a debt mechanism

The way in which the "give-accept-return"

mechanism enables a debt mechanism to be set up has already been described at length; it is also repeated in the variants presented below. In addition to the fact that debt instruments are widely used in historical societies, it should be noted that *debt is a system that is entirely based on the imagination*. In a society of brute force, the debtor would only feel compelled to honor his debt to the extent that the creditor's military power was clearly greater than his own.

Exchanges and Profits

We have seen that this strategy consists in playing on the slight surplus associated with the counter-gift which makes it possible to make visible that the counter-gift is at least equivalent to the initial gift. If this small surplus is insufficient, then the party making the counter-donation is in debt. We have also seen that, because refusing a donation is considered an insult, the donor could push into misery a donee forced to exhaust his resources to constitute a counter-donation of a little more than the equivalent. The generous donor acquires prestige while the one who struggles to constitute the counter-donation loses his own.

Feasts

Giving a feast is nothing more than a gift in kind. And no less than another "counter-gift dependent", the same *prestige* development mechanics fully apply again.

Bribes

Small, discreet gifts to supporters, not necessarily very convinced ones, but well chosen, allow to tip the popularity in your favor in the delicate circumstances where it is necessary to acquire public votes to obtain advantages or to get out of a maneuver a little bit too showy. All such strategies are ways to increase or maintain your *prestige*, and of course, to create for your future needs one or more grateful supporters.

Ownership

The usual way of insinuating a right of ownership over common goods is to invest more heavily, and above all visibly more, than anyone else in the construction and / or maintenance of these common goods. *"Yes, of course it's common, it's for all of us, yes. But I have more rights than anyone else because if I hadn't contributed with all my might, this common good might not exist, or no longer "*. A typical argument of Big Man societies contexts. Again, the end goal is prestige, but with the secondary benefit of getting hold of the means to create surpluses for gifts which in turn will increase prestige.

Bride price and dowries

Let start with some clarification:

> In anthropology, the bride's price is a gift made to the bride's family on the occasion of a wedding. Called Lobola in Zulu, it is distinguished from the dowry, which is a gift made directly to the wife, and the dowry, which is anthropologically a gift brought by the wife's family to the household.

> Source :
> https://fr.wikipedia.org/wiki/Prix_de_la_fianc%C3%A9e

Here again the "give - accept - return" mechanism is fully at work, authorizing all demonstrations of prestige for the two parties, and providing an opportunity to ruin oneself for the donor party and to enrich oneself for the donor party...

Investment in children

Besides that it is usual to hope that the glory of the parents will spread to their children and that it is therefore necessary to adorn them with all the attributes of the prestige already acquired so that they can add to it, it is therefore useful to do everything in your power to ensure that your children are perceived as "good parties" with a view to a marriage which will make it possible to ally with prestigious families or clans and thereby increase your own prestige or that of your clan. As Brian Hayden notes, *"The result is that, in general, children from wealthy families marry into other wealthy families [...] this strategy normally leads to a class system."*

All of the strategies summarized above have in common the use of an economic mechanism to gain prestige, maintain prestige or cause others to lose prestige. In the second place, these strategies certainly also make it possible to obtain economic advantages, but the end use of which, the objective really achieved at the end of the economic chain, by judicious gifts, will again be the prestige.

Brian Hayden seems to suggest that the heart of his thesis is that the chieftains seek to obtain *a power of a political nature...* I will argue - after La Boétie and the *Discours de la Servitude Volontaire* – although I do not have La Boétie's talent – that *political power is absolutely imaginary in nature.* But beyond this reminder, Brian Hayden's point of view seems insufficient to me for at least two reasons::

On the one hand, there is nothing specifically human about politics, as Frans de Waal has shown in his work La Politique du Chimpanzé, and it would then be necessary to complete Frans de Waal's point of view by showing how and why human politics differs from chimpanzee politics in means and purposes. However, although I do not

71

like to establish separations between anima, the goals of the chimpanzee politics are still strongly limited to obtaining *biological* advantages, to which neither the means nor the goals of human political strategies can be summed up

On the other hand, and it must be remembered when we speak of power, power is a *means* and not a goal. If a citizen manages to acquire supreme power, such as that of president in a presidential democracy, and he does nothing, it could well be said that he has the power, but in fact he only has *prestige*. There is no shortage of examples of presidents of indisputable prestige, loved by their people, but whose same people will be very embarrassed if we ask them what their beloved president has done with the power he has inherited - by the people's will. *What the people admire or envy in the powerful ones is certainly not power*, which they generally would not know what to do with if it was given to them - after a few tocades or a few charities of which they may have dreamed, quickly satisfied - *but actually prestige*. That is to say this feeling of an essentially aesthetic nature that the celebrity press satisfies in average people. Something that, whether we regret it or not, seems rather beyond the reach of chimpanzees. I say that prestige, for the dominant as for the dominated, is a feeling of an aesthetic nature at least in the surrealist sense of the word aesthetic, because p*restige is essentially of the order of dreams*. It is this reverie which subjugates the dominated - i.e. which subjects them to the yoke - but which also subjugates the dominants who, possessed by this *dream*, fought to reach it ... And find themselves *naked* in front of this dream at the end of their adventure.

Strategies based on the imaginary and aesthetic emotion

In the following, I will examine the strategies identified by Brian Hayden by which aesthetic emotion and all that it governs, such as magic and religion in particular, participate in the development of prestige and illuminate its nature.

Prestige objects

JI have already examined above all that prestigious objects, monuments and staging owed to art, and how much fascination their operation entailed of a mysterious origin - not explicitly identifiable - *both among the owners of these objects and in those who must be content to contemplate them.*

Creating a distance from others

These are staging elements that allow candidates for prestige to differentiate themselves from others, and to make them believe, as well as to make themselves believe that they are of a different essence or nature from others. The major difference with actual prestige objects is that this is a *theater* where prestige objects hold a notable, if not essential, place. As we know, *art is as much about what it hides as it is about what it shows.*

Access to the supernatural

This is a variation of the previous strategy somewhat comparable to those fairground rides, ghost train, or hall of the living dead, where what's shown outside is supposed to give a glimpse - an impressive glimpse ! - about what the customer see and "experience" inside *after paying for their ticket.* In short, it is about the institution of secret, initiatory societies, placing themselves in the position of monopole with regard to access to the sacred. In the beautiful expression of a friend, "The religious is the concierge of the Totality" ...

> In complex hunter-gatherer societies, only the wealthiest obtain the most powerful protective spirits, enter the most secret lodges, and participate in the rituals that take place in the deepest crevices of the earth. In other societies, leaders claim to descend from powerful ancestors who have the power to bestow good harvests and punish those who refuse to cooperate. The chieftains also fight over who will have the biggest fruits and the biggest vegetables to demonstrate the superiority of their magical abilities.
>
> **Brian Hayden**, *Naissance de l'Inégalité.* P 66

This reminds me of a feudal lord in my countryside, who, by a juicy coincidence, owning the only church in the village on his land, invented to charge the local peasants every time they wanted to go to mass. After a while, the good parishioners finally resolved to build a church at the other end of the village ... As the Protestants excellently profess: if you are rich, it is because God loves you. You are therefore a *winner* and you will go to Heaven; if you are poor, it is because God does not love you. You are a *loser* and you will probably go to Hell.

Taboos, fines and control of conflict resolution

Brian Hayden writes :

> One of the most frequent features in trans-egalitarian societies is the excessive proliferation of taboos that often seem arbitrary. [..] In general, the chieftains claim that breaking these taboos exposes the whole village to supernatural risks and especially its chiefs. Consequently, fines and penalties are imposed on the offenders, usually payable to the village chieftain.
>
> **Brian Hayden,** *Naissance de l'inégalité.*

As for the resolution of local internal conflicts, we know enough about the role of judges that the powerful always arrogate to themselves and we also know how many ... *"Depending on whether you are powerful or miserable, court judgments will make you white or black"* as La Fontaine worte... Here again, the mechanism has not lost any of its relevance.

Manipulation of cultural values

Here again let's let Brian Hayden explain:

> In order to implement most of the previous strategies, leaders have a clear interest in promoting certain collective values and excluding others. [...] The ancestors have the power to grant fertility and wealth (especially the chieftains' ancestors). [...] Whenever they can, the chieftains twist, promulgate, negotiate, reformulate or rewrite the rules in the search for their own interests, even historical genealogies are subject to obvious manipulation as has been shown Edmund Leach, Jérôme Rousseau and Thomas Hakansson among others...
>
> **Brian Hayden,** *Naissance de l'inégalité.*

Wars and other disasters

Here it is the old variant of what is now well known in the modern world as the "shock strategy" and which consists of taking advantage of wars and disasters to advance your pawns and make your own fat. But the old variant had several components which are not always present in modern versions. It included a preventive aspect which consists in organizing ceremonies where the chiefs take the leading role, to prevent disasters, and a curative aspect which consists in again organizing ceremonies, as prestigious as possible for their initiators, during or after the disaster - if there are still survivors - and a final passage to collection - of prestige - when the poorest, not having been able to participate with dignity in the ceremonies in question, therefore undermine the effectiveness of the rituals in the eyes of all, thus endangering the entire community, which the chiefs had nevertheless put all their efforts and means to save.

In addition, after a war, during the establishment of treaties, there is a great opportunity to reap some benefits in the process.

In summary ... The first group of so-called power strategies relies on economic relationships to gain prestige. Prestige is essentially obtained by donations which are themselves fed by surpluses. In the second group of strategies, *the attack is performed directly on the imaginary.* Prestige itself - or derivatives of aesthetic emotion - are used to obtain either economic benefits that will fuel prestige, or more directly to gain even more prestige.

Primitive Accumulation of the Imaginary

Let us now examine the historical evolution of the growth of inequality from the perspective proposed by Brian Hayden, by *bringing things back to their biological dimension.* That is by comparing the use of surpluses in animals on the one hand, and in the human species on the other hand, more specifically when the human species is in the process of converting to inequality :

> Other animals cannot use more food than they eat. While some animals, such as squirrels and bees, store food and accumulate surpluses, they absolutely cannot use more than what an individual or their immediate community can consume. Beyond this quantity, all the accumulated surpluses are purely and simply wasted.
>
> Like most animals, hunter-gatherers organized in simple societies do not store food or use surplus beyond what they can consume and use in the short term. As with other primates, there are certainly incidents where food is given as a gift or to form alliances or other relationships. However, this low use of surplus food has no other impact on their basic adaptations than the strengthening of alliances and kinship ties.
>
> **Brian Hayden,** *Naissance de l'inégalité.*

The question therefore arises of understanding how things may evolve, from this fairly simple *ecological* situation, which lasted for one to two

79

million years, to complex and hierarchical societies. The genius of the thesis developed by Brian Hayden is to have shown that this was the result of a technological change making it possible to...

> "Producing, storing and transforming surpluses and the concomitant introduction of competition based on the economy".

> **Brian Hayden,** *Naissance de l'inégalité.* P47

Most of the time, people tend to think of the production of stocks as an effect of the transition to Neolithic times, agriculture and / or breeding. The archaeological elements currently available, and attested by many authors other than Brian Hayden, indicate on the contrary an opposite evolution ... The transition to agriculture and / or to breeding occurs in advanced Higher Paleolithic hunter-gatherer societies where the population has already reached densities substantially equivalent to that of agricultural societies. I would not dwell more here on the way in which conservation and storage technologies have arisen and are being evidenced by archaeological research. This is the subject of Chapter 3 of Brian Hayden's book and the reader should refer to it.

What matters here is this bright paragraph from Brian Hayden:

> However, in the Upper Paleolithic [...] a technological change took place which was to radically change the place of humanity. This shift has created an entirely new ecological paradigm characterized by the ability to transform surplus food into other **coveted items** such as prestige items, debt or work.

The question Brian Hayden does not raise in the above quote, because his vision is essentially political, is: *what are the reasons why an object is coveted, what how and why may an object become an object of prestige ?* Because in the end, whether through debt or work, everything that is apparently the object of economic or political competition ends up being translated and reabsorbed into prestigious objects, ornaments, tumuli, pyramid, palace, temple, cathedral. All things which draw and take their meaning only in the human imagination and make no sense from the point of view of other animals. With the possible exception of animals endowed with a sufficiently developed aesthetic sense to therefore be able to employ elements of human origin in their own aesthetic constructions, as seems to be the case with some birds.

In other words, since food surpluses cannot be useful in reality, the strategy of chieftains is to find them a use for them **in the imaginary**.

I agree with Brian Hayden that the appearance of surplus governs the birth of the economy and its games for the little-known yet obvious reason that *you can only save what you have in excess*. But I think his thesis is incomplete in the sense that the economy appears and has always appeared everywhere and to everyone *as a means*, the ends of which must therefore be identified. More precisely, men are animals and they have, in fact, no other real needs than other animals, namely: to feed themselves, to sleep, to take shelter, to attack and to defend themselves, to copulate and to to reproduce. *That's about it and it's very little.* This is hardly difficult to satisfy ... Moreover, this is why the Physiocrats (i.e. 17th - 18th centuries) considered agriculture as the true real source of all wealth:

> "For the Physiocrats, the only truly productive activity is agriculture. The earth multiplies goods: one seed sown produces many seeds. Ultimately, the land leaves a net product or surplus. Industry and commerce are considered sterile activities because they are content to transform the raw materials produced by agriculture "
>
> Source : https://fr.wikipedia.org/wiki/Physiocratie.

As the book Age de Pierre, Age d'Abondance by Marshall Sahlins illustrates, hunter-gatherer societies easily achieve satisfying their « animal needs » without worrying about creating surpluses, and even quite the contrary, by putting every obstacles they can so as not to create surpluses. Primitive agricultural societies also achieve this insofar as they remain sufficiently egalitarian and as long as the mechanisms for creating inequality, *that is to say poverty*, are not yet fully deployed.

> Hunter-gatherers organized in simple societies use tools like other animals. They make social alliances for self-defense or for food, like other animals. Humans do have a language, but it is not certain whether it had any effect on the acquisition of food or the use of energy in the oldest hunter-gatherers. As a result, the demographics of hunter-gatherers organized in simple societies do not appear to be significantly different from the demographic dynamics of other omnivores. So during the first two million years, humans do not seem to have diverged much from the rest of the animal world [...]
>
> **Brian Hayden,** *Ibidem.*

What I add to Brian Hayden's thesis is that *beyond the needs we have in common with other animals, all other human needs are in the realm of the imaginary.* The subtle reader will have understood me half a word and will say to himself that it is obvious and that it goes without saying ("What else?") ... That is true, but things gets better by saying it.

All in all, it must be noted that, for the most part, *men are not subdues by force, but by imaginary.* And that *this submission to images does not only concern the People,* eternally submissive and dumbfounded by the spectacle of the powerful ones, but that *this submission to images also and no less concerns the powerful ones themselves* ... Who certainly use them to maintain their domination, but who also fall in the trap, and find themselves just as stuck and submissive, in so far as *this submission to images constitutes the ultimate and irrevocable objective of their action* and is the only material trace that they will leave on earth after their death. This whether in the form of sumptuous tombs, the sacrifice of humans associated with their life, and their funeral ornaments or monuments that they will have been able to build, thanks to the work of workers and artists that they will have been able to submit, of course, but above all much more essentially that they will have been able *to feed* by means of food surpluses.

It follows that to live free, to build a free human

83

society, is *to live up to the images,* and not subject to their power. And it also follows that *this imperative does not concern only artists and poets, but all men,* insofar as they want to live free and not subject to the productions of their own brains,. Productions which are nothing other than the somewhat erratic, individual and collective productions of their *unconscious...* This is evidenced by the extreme diversity of strangeness, and frankly incongruity of their rituals.

And this freedom in relation to images can only be achieved by the kind of familiarity that poets and artists acquire by working on them and with them - that is to say by *the thought and understanding of the symbiosis between images and their own human unconscious.* A familiarity as regards images that must now extend to all men. An enlightened, playful and frequent enough visit to the labyrinths of human thought, an attention to images that would finally lead us *to play with them* instead of *being played by them* as it has been the case for tens of thousands of years.

This casts a particular light on Lautréamont's proposition: *"Poetry must be made by all and not by one"*.

It is not at all about "realizing art" as the Situationists proposed, nor is it about making everyday life aesthetic. It is about *the realization of the Alchemist by means of by his own work.*

However, the reader will have misunderstood me if he draws the conclusion - as far as I am concerned at least - of any kind of optimism.

The last tens of thousands of years of our species' existence have essentially consisted of a systematic *destruction of the real world* for the benefit of the *imaginary phantasmagoria* created by our big and "powerful" brain.

Fantasmagoria which have led to the creation, to the systemic production and to the universal increase of *misery*, not only within the human species itself, but also and much more widely of an overall *biological misery* which, under the terminologies " mass extinction" or "destruction of biological diversity", has gradually spread through the entire living world.

Anyone who would come to believe that overpopulation, the unbridled multiplication of men, is the source of this disaster should think a little further, and meditate on this sentence of the Chinese legalist philosopher Shang Yang from the Warring States period (350 BC):

"The superior is superior only because he has many inferiors".

For this sentence points out the true cause and root of the vertiginous increase of human populations that started a few thousand years ago, an increase as unreasonable as it is biologically recent. A slow phenomenon at first, but which everywhere grew in parallel to the establishment and universal extension of unequal societies as well as to the increase in inequalities within these societies.

Any *Lord*, whether he pretends to resides in heaven or on earth, any *Shepherd* (whether a shepherd of men or of other animals) has always had a direct interest in his cattle to "grow and multiply"...

December 2021

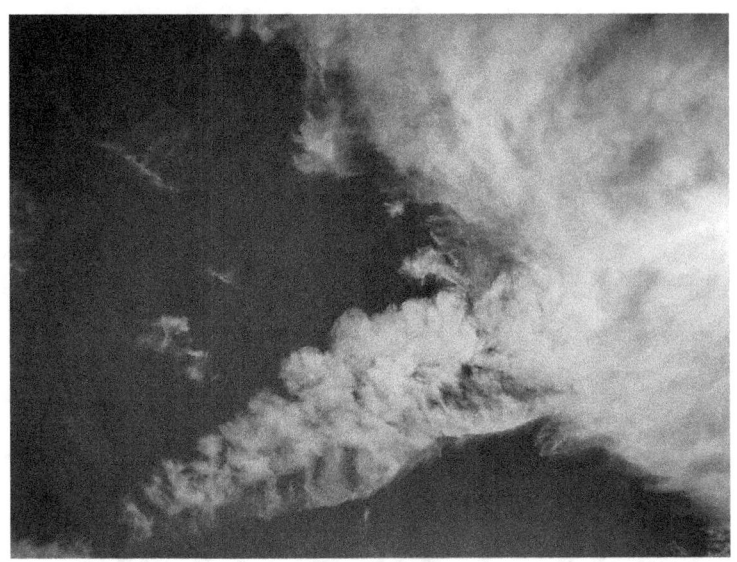

Photo : Zazie

Accumulation Primitive de l'Imaginaire

Table des Matières

Échanges et Maisonnées

Comme l'ont noté la plupart des ethnologues , les sociétés de chasseurs-cueilleurs et même pour une large part les premières sociétés agricoles sont *économiquement autarciques*. Elles produisent elles-mêmes tout ce dont elles ont besoin. Il en résulte que les échanges entre ces sociétés ne peuvent porter que sur des objets essentiellement *inutiles* (au sens de l'utilitarisme économique usuel). Considérée à partir du point de vue qui a cours ordinairement dans nos sociétés, c'est une situation qui peut paraître étrange. Pourquoi donc des sociétés qui n'ont besoin de rien économiquement parlant, se donnent-elles pourtan la peine d'organiser des *échanges de choses inutiles* ?

Une approche possible consiste à se pencher sur les nature et la structure des échanges *internes* aux sociétés dites « archaïques » tels qu'étudiés par Mauss, Malinovski (et beaucoup d'autres ethnoloques). On peut en effet imaginer que ces échanges entre entités et sous groupes *internes* aient pu par la suite servir de modèles pour les échangos à plus longue portée. Le type groupe interne élémentaire dans les sociétés primitives comme dans les nôtres est le *groupe domestique*

97

ou *maisonnée*, bien que, comme on le verra, la taille et la structure de ce qui est appelé groupe domestique varient considérablement d'une société à l'autre.

Une première remarque à prendre en compte est le constat général que

> Parler de « l'économie » d'une société primitive, cela même est un exercice d'irréalité. Structuralement, « l'économie » n'existe pas. [...] L'économie est plus une fonction de la société qu'une structure, car l'armature du procès économique est fournie par des groupes dont on admet couramment qu'ils sont « non économiques ». En particulier, ce sont des groupes domestiques agencés généralement en divers types de famille, qui instituent la production. La maisonnée est à l'économie tribale ce que le manoir est à l'économie médiévale [...]
>
> **Marshall Sahlins** *Age de Pierre, Age d'Abondance* P118-119.

Au sein des groupes domestiques, on ne peut pas proprement parler d'échange parce qu'il est quotidien, continuel, permanent. En fait, ce n'est rien d'autre que la vie du groupe domestique elle-même :

> L.H. Morgan a dit du projet économique domestique qu'il est « du communisme en action ». Formule singulièrement heureuse car la cohabitation est bien la plus haute forme de sociabilité économique : « de chacun selon ses moyens et à chacun selon ses besoins » – des adultes on attend qu'ils fournissent ce qui leur incombe aux termes de la division du travail, et on leur fournit à eux, mais aussi aux vieillards, aux enfants et aux infirmes cedont ils ont besoin, et cela quelle que soit leur contribution.
>
> **Marshall Sahlins** *Age de Pierre, Age d'Abondance* P118-119.

Mais ces remarques nous donnent par la même occasion une identification des premiers niveaux de sous-groupes internes entre lesquels des échanges peuvent éventuellement s'instaurer. Une identification certes bien vague et fortement dépendante du contexte de chacune des sociétés considérées, dans chacune desquelles la taille et la nature et l'étendue des sous-groupes internes peuvent varier considérablement.

On peut cavalièrement caractériser les groupes domestiques selon le vieil adage du Moyen Âge :

> « Manger, boire et coucher ensemble sont mariage, ce me semble »

Ceci sans préjuger du nombre de personnes impliquées et en admettant quelques restrictions quant aux aspects proprement sexuels du « coucher ensemble », mais nullement quant au fait de dormir dans la même maison. Les repas pris en commun constituent d'ailleurs une caractéristique fondamentale de l'espèce humaine en tant qu'espèce animale, une caractéristique sur laquelle on s'est généralement peu attardé, mais dont l'exercice quotidien définit le groupe domestique, quel que soit le nombre et la nature des convives.

Pour autant, comme le note aussi Marshall Sahlins

> Non point par ses dimensions, mais par un autre aspect, plus important, de sa composition, la famille s'assure le contrôle de la production. Car elle contient en elle-même la division du travail qui informe la société dans son ensemble. Une famille, c'sst d'entrée de jeu et au minimum [...] un mâle adulte et une femelle adulte. [...] La division du travail par sexe n'est pas la seule spécialisation économique connue des sociétés primitives. Mais elle en est la forme dominante [...] au sens où l'on peut dire que les activités normales de tout homme adulte

considérées en conjonction avec les activités normales de toute femme adulte, en arrivent pratiquement à épuiser les mécanismes coutumiers de la société.

Marshall Sahlins, Age de Pierre, Age d'Abondance P122.

Considérons la manière dont les groupes domestiques subviennent à leurs besoins, à commencer par la durée et l'intensité du travail qu'ils consacrent à assurer leur subsistance :

En période ordinaire (c'est à dire lorsque les gens ne sont pas confinés dans leur hutte par le mauvais temps), ils peuvent se procurer en 2 ou 3 heures de quoi manger pour toute la journée

Marshall Sahlins, *Ibidem*.P66

Lorsque ses affaires vont bien, qu'il s'est procuré du gibier et qu'il a de l'eau à proximité, l'aborigène a fortement tendance à se laisser vivre et, à quelqu'un du dehors, il pourrait même paraître paresseux.

Marshall Sahlins, *Ibidem*.P66

On notera avec intérêt [...] que les Hadza on refusé les bienfaits de la révolution néolithique afin de sauvegarder leurs loisirs. Circonvenus de tous côtés par des agriculteurs, ils ont refusé jusqu'à tout récemment d'adopter les pratiques agricoles, alléguant pour motif principal que cela entraînerait trop de travail.

Marshall Sahlins, *Ibidem*.P67

Contrairement aux économies civilisées que leurs propagandistes ont hardiment qualifiées de « sociétés de consommation », mais que Hannah Arendt caractérisait beaucoup plus justement comme étant des *sociétés de travail*, dans les économies primitives on ne travaille visiblement qu'avec une certaine modération. Une modération telle qu'il est très probable qu'en aucune période de son histoire, l'espèce humaine ait jamais travaillé aussi peu... La publication du livre de Marshall Sahlins *Âge de Pierre, Âge d'Abondance* (Eng. Stone Age Economics) en 1978 causa quelque émoi à l'époque parce que Sahlins y démontrait que les gens dans les sociétés primitives travaillent fort peu. Tous les économistes étaient à l'époque convaincus que les primitifs peinaient durement à assurer leur subsistance et vivaient dans une misère effrayante dont seule la civilisation avait pu tirer l'espèce humaine... Un préjugé *quelque peu* entaché de propagande, et si profondément enraciné qu'il avait rendu aveugle à nombre de photographies qui témoignaient de toute évidence du contraire.

Mais cette faible extension comme cette faible intensité du travail dans les sociétés archaïques avait une justification profonde en ce qu'elle était l'expression les contraintes écologiques qui s'imposaient aux chasseurs-cueilleurs et dans une mesure un peu moindre aux premiers agriculteurs. N'importe quel groupe humain même relativement peu nombreux a tôt fait d'épuiser les ressources alimentaires du voisinage, et surexploiter le milieu conduirait très vite à réduire à néant les capacités d'auto-restauration et de résilience des écosystèmes, comme on s'en rend désormais compte dans les sociétés développées. D'où la généralité du nomadisme chez la plupart des peuples primitifs :

> Tôt ou tard et généralement tôt, un petit nombre de personnes suffit à épuiser les ressources alimentaire disponibles à une distance commode du camp. [...] d'où cette contingence première et décisive des économies de chasse et de cueillette : le mouvement, condition première du maintien de la production à

un niveau suffisant.

Marshall Sahlins, *Ibidem*.P74

Mais il s'agit d'un nomadisme paisible et même assez nonchalant :

> Certes les chasseurs changent d'emplacement parce que les ressources alimentaires d'une région sont épuisées. Mais *on ne comprend ce nomadisme qu'à moitié si l'on y voit une fuite devant la famine* ; car ce serait méconnaître le fait que l'attente des nomades n'est généralement pas déçue, qu'ils trouvent au-delà vallées plus vertes encore... Aussi bien leur errance n'est-elle nullement inquiète et se déroule-t-elle avec toute la bienheureuse nonchalance d'un pique nique au bord de la Seine.

Marshall Sahlins, *Ibidem*. P70

Le nomadisme a néanmoins un impact important, non pas sur la sophistication de la technologie, mais *sur son poids*. La technologie des chasseurs-cueilleurs se doit d'être légère :

> L'utilité d'un objet diminue rapidement en raison des difficultés que représente son transport. La fabrication d'outils, de vêtements, d'ustensiles ou d'ornements, même peu onéreux, perd toute signification quand ceux-ci deviennent plus encombrants qu'utiles. [...] La presssion écologique prend une forme singulièrement concrète quand elle s'exerce directement sur vos épaules.

Marshall Sahlins, *Ibidem*.P74-75

Et le nomadisme a aussi des conséquences notables sur les populations de chasseurs-cueilleurs elles-mêmes.

> La même chose est vraie ou presque, des contraintes démographiques. [...] On peut dire froidement qu'il s'agit de sacrifier les avantages que le coût du transport transforme en

inconvénients à partir d'un certain seuil, de s'en tenir à l'équipement minimum, d'éliminer les exemplaires doubles , etc. – d'où la suppression des vieillards, la pratique de l'infanticide, l'abstinence sexuelle pendant l'allaitement, etc. autant de pratiques abondamment attestées parmi les chasseurs-collecteurs. Si nous disons qu'ils se débarrassent des individus qui sont « à charge », il faut entendre par là non pas l'obligation de les nourrir, mais celle de les transporter.

Marshall Sahlins, *Ibidem*.P75

Un constat que fait non moins froidement l'ethnologue français Pierre Clastres dans *Chronique des Indiens Guayaki* [Pocket – Terre Humaine - 2001].

Mais même chez des peuples moins soumis aux contraintes du nomadisme que les chasseurs-cueilleurs, la technologie mise en œuvre au sein des groupes domestiques reste simple et nul ne cherche réellement à la rendre plus complexe :

Voici une seconde corrélation, tout aussi élémentaire : celle entre le mode de production domestique, parcellisé et opérant sur une petite échelle, et une technologie de dimension analogue ; généralement l'outillage de base est tel que chacun peut le manipuler de façon autonome. La suprématie de l'économie domestique comporte d'autres limitations d'ordre technologique : les outils sont rustiques, « fabrication maison », et donc suffisamment simples – de même que la plupart des techniques – pour être accessibles à tous ; les processus de production sont unitaires, non parcellisés, il n'impliquent pas une division élaborée du travail, de sorte que le même groupe ou individu motivé peut mener à terme l'entière procédure, depuis l'extraction des matières premières jusqu'à la fabrication du produit achevé .

Marshall Sahlins, *Ibidem*. P 122

Dans les groupes subsistant grâce à l'agriculture,

l'équivalent de la nécessité de permettre la résilience des éco-systèmes se traduit par l'exigence de laisser les terres en jachère pendant plusieurs années afin de leur permettre de retrouver leur fertilité. Mais surtout, personne en fait ne voit de raisons de pousser les activités productrices au-delà de ce qui est nécessaire pour la subsistance quotidienne.

> Le système domestique s'assigne des objectifs économiques limités, définis qualitativement, comme mode de vie, plutôt que quantitativement comme richesse abstraite. Le travail de ce fait est peu intensif, intermittent, et tout lui est prétexte à s'interrompre : n'importe quelle activité ou empêchement culturel, depuis le rituel le plus pesant jusqu'à l'averse la plus légère. L'économie dans les sociétés primitives, ne se pratique pas à temps complet, ou bien elle n'engage pas la société au complet. Autrement dit *le mode de production domestique recèle un principe anti-surplus ;* adapté à la production de biens de subsistance, il a tendance à s'immobiliser lorsqu'il atteint ce point.

Marshall Sahlins, *Ibidem.* P 130-131

Et contrairement à ce qui se produit dans les sociétés civilisées modernes, personne ne se soucie d'atteindre la productivité maximum autorisée par le contexte et l'environnement. En fait, là où les sociétés civilisées combattent les aléas en accumulant des surplus en prévision des jours difficiles, on peut dire que les sociétés archaïques stockent en quelque sorte les surplus *dans la Nature elle-même*, en ne prélevant que le strict minimum de manière à ne pas porter atteinte aux capacités d'auto-restauration des éco-systèmes. Deux manières opposées d'essayer d'atteindre le même objectif de survie à long terme.

Il n'en reste pas mo

ins que dans les sociétés archaïques, personne ne se semble se soucier de produire des surplus.

> Considérons les témoignages ethnographiques d'une sous-exploitation des ressources : le fait que souvent les ressources sont sous-exploitées et qu'une marge considérable de manœuvre demeure entre la production effective et la production possible. En fait, il s'agit d'obtenir une intensification de l'effort productif ; toute la question est là : parvenir à ce que les gens travaillent plus, ou que plus de gens travaillent. [...] Mais tout processus d'intensification du travail devra suivre son cours dialectique, car par nombre de ses propriétés, le mode de production domestique est réfractaire tant à l'exercice du pouvoir politique qu'à tout accroissement de la production. Autre fait d'importance majeure, l'économie domestique se contente parfaitement de réaliser l'objectif qu'elle s'est elle-même assigné : subvenir aux besoins de subsistance de la maisonnée. *Le mode de production domestique est un système foncièrement hostile à la formation de surplus.*
>
> **Marshall Sahlins**, *Ibidem*. P126

En fait, la production et la rétention privative de surplus est même, dans la plupart des cas, mal vue et considérée comme franchement anti-sociale. Si des surplus sont créés par un groupe domestique, ils doivent être remis à la disposition du corps social dans les meilleurs délais, la plupart du temps sous forme de festins offerts à la communauté.

Le fait que « Le système domestique s'assigne des objectifs économiques limités » n'est pas sans conséquence au sens où, de toute évidence :

> Un pourcentage non négligeable de groupes domestiques ne parviennent jamais à assurer leur propre subsistance alorsqu'ils sont organisés précisément à cette fin.
>
> **Marshall Sahlins**, *Ibidem*.P111

Bien que pourtant, et de toute évidence également...

> Aucun village Moala ne semble souffrir de la faim alors qu'il est évident que certains chefs de famille ne produisent pas assez de nourriture pour couvrir leurs besoins de subsistance. Par ailleurs, aucun village – à l'exception possible d'un seul – ne dispose de surplus importants alors que certaines familles produisent beaucoup plus de nourriture qu'elles n'en peuvent consommer.
>
> **Marshall Sahlins**, *Ibidem*. P112

Et on touche là au coeur même du fonctionnement des échanges entre les groupes domestiques, et aux raisons pour lesquelles des groupes domestiques *indépendants* ne sont pas viables à moyen ou long terme et donc à ce qui finalement les constitue *ensemble* comme *société*.

Marshall Sahlins exprime de la manière suivante la logique intrinsèque des groupes domestiques pris en eux-mêmes :

> En principe, chaque maisonnée conserve par-devers elle, avec ses intérêts propres, tous les pouvoirs nécessaires à leur actualisation. Divisé de la sorte en autant d'unités centrées sur elles-mêmes, sans coordination fonctionnelle, le mode de production domestique est à peu près aussi organisé que le sont les pommes de terre dans le célèbre sac.
>
> **Marshall Sahlins**, *Ibidem*. P141

Mais le chaos dont Marshall Sahlins suggère l'existence sous-jacente ne correspond pas aux observations réelles.

> [...] la société primitive est loin d'offrir l'image de cette incohérence première. Partout la relative anarchie de la production domestique est compensée par l'action de forces plus vastes et une organisation plus cohérente, par des institutions socio-économiques qui conjoignent entre elles les maisonnées et la assujettissent toutes à l'intérêt général. Toutefois ces puissantes forces d'intégration ne jouent pas au niveau des relations immédiates et dominantes de de production.

> **Marshall Sahlins**, Ibidem. P141

Et c'est donc ce niveau proprement social agissant au dessus et par delà les groupes domestiques qui finalement leur sauve la mise.

> Manifestement le mode de production domestique ne saurait être que « désordre tapi à l'arrière plan » toujours présent et jamais ne survenant. Jamais il n'arrive que la maisonnée gère seule l'économie car la mainmise du groupe domestique sur la production suffirait en soi à précipiter la ruine de l'économie. *Et il n'est pas de famille qui, subsistant uniquement par ses propres moyens ne découvre tôt ou tard qu'elle n'a pas les moyens de subsister.* [...] En l'occurrence, ou bien on remédiera aux insuffisances économiques du système, ou bien c'est la société entière qui, irrémédiablement, périra.

> **Marshall Sahlins**, Ibidem P145.

Cela résulte d'un adage qui ne figure dans aucun thésaurus : *la mort est en assez rare, mais elle dure très longtemps.* Si chaque maisonnée ne produit strictement que pour elle-même, il arrivera toujours un moment où un accident la conduira à la famine et donc à sa disparition complète et définitive. La mise en commun des ressources alimentaires à un niveau supérieur à celui de la maisonnée permet d'assurer que *statistiquement,* la plupart des accidents seront absorbés par ce niveau supérieur et que sauf catastrophe naturelle globale atteignant le groupe tout entier, c'est à dire *toutes* les maisonnées en même temps, chaque maisonnée est assurée de survivre aux aléas qui ne manqueront pas de survenit à moyen et long terme, grâce aux règles de solidarité du groupe. Réciproquement, la survie de chaque maisonnée garantit sa capacité à participer à la solidarité générale en cas de besoin et donc à tirer d'embarras toute autre maisonnée qui rencontre des difficutés rendues *nécessairement temporaires* par la solidarité entre les maisonnées.

> Aussi bien le mode de production domestique exige-t-il d'être contré, transcendé. Et ce, non seulement pour des raisons techniques liées à la coopérattion, mais parce que l'économie domestique est aussi peu fiable qu'elle est qu'elle est en apparence fonctionnelle : fléau privé et menace publique. Parmi les moyens de remédier à cette instabilité constitutive, le plus important est l'extension des obligations de parenté : la mise en place d'un système de parenté étendue.

> **Marshall Sahlins**, *Ibidem*, P178

La solidarité générale est essentiellement organisée en fonction des relations de parenté, beaucoup plus étendues et plus riches dans dans les sociétés archaïques que dans les sociétés modernes où elles tendent à se restreindre à la famille nucléaire. Et on comprend aisément pourquoi. Plus les liens de parenté sont riches et étendus, plus le fonctionnement « assurantiel » de l'entraide entre les unités de production domestique sera efficace quant à son effet de « lissage statistique » des aléas survenant *presque certainement* à moyen ou long terme.

En ce sens, le fait que, chroniquement, une partie des groupes domestiques (mais pas toujours nécessairement les mêmes) ne parviennent pas à assurer leur propre subsistance agit, *pour tous les groupes domestiques*, comme un rappel permanent du fait que, sans le niveau proprement social qui les transcende et les dépasse, plus aucun d'entre eux ne serait plus là pour en parler.

D'autant qu'en dépit des assurances pour ainsi dire « officielles » selon lesquelles la solidarité entre les groupes domestiques est une loi d'airain à laquelle chacun souscrit avec enthousiasme et sans ambages, persistent en toute occasion quelques grincements qui pour rester plus ou moins secrets n'en sont pas moins déplaisants :

> Les Bemba pour qui un parent est quelqu'un à qui on donne de la nourriture, définissent un sorcier comme quelqu'un qui vient s'asseoir chez vous et qui dit : « Je pense que vous n'allez pas tarder à cuisiner. En voilà de la belle viande ! » ou encore« Je crois que la bière sera prête cet après-midi. » [...] Et la ménagère Bemba pour éluder l'obligation de partager se hâte de dissimuler la bière lorsque survient un vieux parent : « Hélas mon bon monsieur, pauvres de nous ! Nous n'avons rien à manger ».
>
> **Marshall Sahlins**, *Ibidem.* P172

rappelant en sous-main que charité bien ordonnée commence par soi-même et qu'il est sage de se servir au plus tôt avant que l'heure du partage communautaire n'advienne :

> « Crue, la nourriture reste en ta possession, cuite, elle passe à un autre » ... « Grille ton rat [un met favori des Maori] avec sa fourrure, de peur qu'on vienne te déranger. » - Adages Maori.
>
> **Marshall Sahlins**, *Ibidem.* P173

Car l'exercice du devoir de partager n'est pas toujours sans laisser quelques sentiments d'amertume :

« Coeur content s'en est allé, esprit chagrin demeure ».

Marshall Sahlins, *Ibidem*. P173

Le « communisme » dont parle Morgan à propos des relations internes aux groupes domestiques a tendance à se diluer à mesure que se diluent les liens de parenté et à se transformer en un simple « donnant-donnant »...

Entre parents éloignés, toute relation matérielle prend la forme d'un échange symétrique ; à mesure qu'on se rapproche de la Maison – du groupe domestique vivant sous le même toit – l'échange se fait plus désintéressé ; on admet les délais de paiement ou même le défaut pur et simple de réciprocité.

Marshall Sahlins, *Ibidem*. P175

Ceci dit, bien entendu, le niveau proprement social dans lequel les unités de production domestiques se trouvent organisées ne remplit pas que cette seule fonction d'assurance contre les aléas de la production alimentaire, mais autorise aussi des entreprises collectives de nature plus technique et de plus grande envergure que celles que pmourrait envisager un simple groupe domestique, et qui pour n'être pas quotidiennes n'en contribuent pas moins à la survie générale du groupe :

Sans les fêtes [dit un Wogeo] nous ne parviendrions jamais à ramasser toutes nos châtaignes, ni à planter une telle quantité d'arbres. Sans doute aurions nous de quoi manger, mais nous ne ferions jamais de vraiment gros repas (Hogbin, 1938-1938 P324)

Marshall Sahlins , *ibidem*. P178.

Au delà des châtaignes et des châtaigners qu'illustre cet exemple, il en va évidemment de même quant à ce qui touche, par exemple, aux épisodes de grande chasse ou de grande pêche pour lesquels la coopération et l'action synchronisée d'un nombre important d'êtres humains est un facteur critique de succès.

Mais il faut signaler que les communautés primitives sont sans cesse menacées d'éclatements et de fissions.

> Laissé à lui-même le mode de production domestique tend vers une dispersion maxima des maisonnées parce que la dispersion maxima est absence d'interdépendance et absence de pouvoir commun, et tout compte fait, c'est bien ainsi qu'est organisée la production. Si à l'intérieur du cercle domestique les mouvements décisifs sont centripètes, entre maisonnées ils sont centrifuges […] processus que viennent généralement enrayer dans la pratique des institutions plus vastes chargées d'assurer l'ordre et l'équilibre.

> **Marshall Sahlins,** *Ibidem.* P143.

L'ennui c'est que les « institutions plus vastes » ne parviennent que « généralement » *mais pas toujours* à assurer l'ordre et l'équilibre. Au point que cela finit se traduire dans la distribution et l'éloignement des villages. Par exemple l'ethnologue Carneiro cité par Sahlins s'étonne de ce que les villages de la forêt amazonienne ne regroupent pas les 1000 ou 2000 habitants que leurs pratiques agricoles leur permettraient normalement de nourrir, et il en conclut que la cause racine de cette situation n'est aucunement économique :

> Je soutiens qu'un facteur plus important est la facilité et la

111

fréquence des fissions villageoises, intervenant sans rapport aucun avec [les techniques de subsistance]. Ces phénomènes surviennent si facilement qu'on ne voit guère comment les villages pourraient connaître un accroissement de population suspectible de peser fortement sur la capacité de charge de la terre. Il semble bien que les forces centrifuges qui provoquent l'éclatement des villages atteignent un point critique avant qu'il n'en soit ainsi. [...] Lorsqu'un village de la forêt tropicale atteint une population de 500 ou 600 personnes, les tensions et pressions en son sein sont probablement telles qu'un schisme ouvert conduisant à l'essaimage de la fraction dissidente à toutes chances de survenir (Carneiro, 1968, P138)

Marshall Sahlins, *Ibidem.* P144

Et avant tout, l'éloignement et la dispersion des parties dissidentes vaut toujours mieux que la guerre ouverte, car...

Là où le droit de requérir la force est détenu en communauté et non monopolisé par le politique, la prudence tient lieu de courage et l'éloignement dans l'espace constitue la meilleure des sécurités. Pour autant qu'elle minimise les conflits portant sur les ressources, les richesses et les femmes, la dispersion assure la protection la plus efficace des biens et des personnes.

Marshall Sahlins, *Ibidem.* P 143.

On peut en conclure que si l'espèce humaine a fini par envahir toute la Terre, ce n'est nullement parce que Sapiens serait une espèce d'explorateurs, nés mus par le goût de l'aventure et la curiosité scientifique, mais au moins en partie, et bien plus simplement, pour éviter les disputes et les conflits.

Il n'en reste pas moins vrai que la manière la plus utilisée et la plus efficace de prévenir et d'éviter les conflits, autrement dit de garantir la paix, ce sont les dons, les cadeaux, car...

Comme dit le Bochiman : le pire c'est de ne pas donner de cadeau. Si les gens ne s'aiment pas et que l'un deux fait un cadeau, alors l'autre doit accepter et cela apporte la paix entre eux. Nous donnons ce que nous avons : c'est comme cela que nous vivons ensemble.

Marshall Sahlins, *Ibidem*, P236

La sagesse du Bochiman a le mérite de l'évidence et de la clarté, ce qui n'est pas toujours le cas des interprétations de Marcel Mauss dans *L'Esprit du Don*. Le don est d'une importance critique pour adoucir les inimitiés et pour la même raison il est aussi d'une importance critique d'accepter un don. Quant au contre-don il requiert la poursuite des échanges et conforte par là la paix.

Il se trouve que la Théorie des Jeux à partir de 1974 (Anatol Rapoport) puis des compétitions entre programmes informatiques (Robert Axelrod 1979) ont établi que l'une des meilleures règles d'interaction entre les individus ou les groupes était la règle Coopération-Réciprocité-Pardon (dite règle CRP) qui s'énonce comme suit :

1. Coopération: Dans un premier temps, lorsqu'un individu ou un groupe rencontre un autre individu ou groupe, il a tout intérêt à lui proposer une alliance.

2. Réciprocité: Dans un second temps, en vertu de la règle de réciprocité, il convient de donner à l'autre en fonction de ce que l'on en reçoit. Si l'autre aide, on l'aide en retour ; si l'autre agresse, il faut répondre en l'agressant à son tour au coup

suivant, de la même manière et avec la même intensité.

3. Pardon: Dans un troisième temps, il faut pardonner et offrir de nouveau la coopération.

Le moins que l'on puisse dire, c'est que le Bochiman cité ci-dessus par Sahlins avait fort bien compris que cette règle CRP était la plus avantageuse pour tous, ceci sans l'aide de la théorie des jeux ni celle de compétitions entre logiciels. Mais Marshall Sahlins, qui a publié la version anglaise de *Âge de Pierre, Âge d'Abondance* en 1972 ne pouvait qu'ignorer ce résultat de la Théorie de Jeux qui n'a été suggéré qu'en 1974 par Anatol Rapoport et ne s'est trouvé plus fermement établi qu'en 1979 par Robert Axelrod. Bien entendu, c'est encore plus vrai pour ce qui concerne Marcel Mauss dont *L'Essai sur le Don* est paru en 1924. Mais tant Marcel Mauss que Marshall Sahlins dans le chapître qu'il consacre à l'analyse du texte de Mauss au chapitre 4 de *Âge de Pierre, Âge d'Abondance* ne se trompent sur l'essentiel : la triple obligation de « donner-recevoir-rendre », créent un état de dépendance qui autorise la recréation permanente du lien social.

D'un point de vue en quelque sorte « darwinien » la généralité de l'esprit du don – i.e. de la règle CRP – dans les sociétés humaines archaïques semble montrer que les groupes humains qui ne la pratiquaient pas ont peu à peu statistiquement disparu. Le même esprit darwinien fera observer quelque peu narquoisement que les pratiques humaines réelles de compétition inter-groupes avaient depuis longtemps établi *dans le concret des choses*, au cours des quelques centaines de milliers d'années d'existence de l'espèce Sapiens que la règle CRP était la plus avantageuse pour la survie de l'espèce, et ceci, sans l'aide de la moindre compétition entre programmes informatiques ce ce soit. Mais comme d'habitude, si cela allait sans dire, mais cela va tout de même mieux en le disant.

Une hypothèse en passant : ne se pourrait-il pas que l'explosion relativement récente de l'espèce Sapiens ait correspondu à la découverte de cette règle CRP permettant le dépassement de ce que Sahlins appelle le *mode de production domestique*?

Cependant, pour terminer ce volumineux chapitre, tout en ouvrant la voie à ceux qui vont suivre, observons que ceux qui ont quelque chose à offrir sont généralement beaucoup mieux vu au sein de toute communauté humaine que ceux qui, soit par pingrerie, soit du fait d'une extrême misère, ne ne sont pas en capacité de donner quoi que ce soit.

> Les Sa'a ont deux mots pour désigner la fête, ngäuhe et houlaa : le premier veut dire « manger », le second « gloire » (Ivens 1927 P60)
>
> **Marshall Sahlins**, *Ibidem*, P178

« Manger » et « Gloire »... Toute la logique des festins pris en commun se résume en ces deux mots là. Car donner, c'est aussi le moyen d'acquérir de la *gloire* et du *prestige*. Et c'est la porte ouverte à ce que certains se plaisent à appeler la « politique » :

> Dans les sociétés primitives, le jeu politique se joue au-delà de la production, à un niveau supérieur, avec des gages tels que la nourriture ou autres produits ouvrés ; en l'occurence, le geste le plus habile, comme aussi le droit de propriété le plus convoité, est celui de prodiguer ses biens.

Marshall Sahlins, *Ibidem,*P139

Une citation dans laquelle Sahlins, sans trop explicitement nous le dire, nous indique que le jeu « politique » se joue *au-delà du besoin*. Ce que confirmeront, comme nous le verrons plus loin, les analyses d'un autre ethnologue : Brian Hayden.

Résumons...

Les contraintes écologiques impliquent le nomadisme et par conséquent une technologie « légère »

Les contraintes écologiques et le nomadisme impliquent un contrôle de la population qui se manifeste, par exemple, par l'infanticide et l'abandon des vieillards chez les chasseurs-cueilleurs.

Les contraintes écologiques requièrent une faible productivité afin de ne pas épuiser le milieu et de permettre la restauration des éco-systèmes, ce qui implique de ne pas faire de stocks.

Les contraintes écologiques requièrent également une sous-utilisation des ressources afin de constituer un autre mécanisme d'assurance au sens où il y a toujours une part de ressources non utilisée disponible en tant que marge réserve et stock (naturel) en cas d'accident d'ampleur « géologique ».

L'exigence d'une faible productivité et l'évitement de la constitution de stocks conduit à une certaine fragilité des maisonnées qui n'est compensée que par l'assurance contre les accidents de production relativement fréquents fournie par le niveau social.

Les stocks sont mal vus car ils contreviennent à l'impératif « donner, accepter, rendre » qui est le mécanisme fondamental qui tient la société ensemble. Ce sont les échanges, les cadeaux qui (re-)constituent en permanence le niveau proprement social qui protège contre les aléas productifs et vise à prévenir les dissensions et les guerres.

En conclusion... Il se pourrait que l'homme soit en passe de se voir infliger une nouvelle « blessure narcissique » selon l'expression de Sigmund Freud. La première ayant été comme on sait la blessure *copernicienne* aux termes de laquelle la Terre n'est pas le centre de l'Univers, la seconde, la blessure *darwinienne* aux termes de laquelle l'homme n'est après tout qu'un animal, la troisième la blessure *freudienne* aux trmes de laquelle le moin n'est oas le maître dans ssa propre maison, et la quatrième que nous révèle aussi bien l'ethnologie que la crise en cours, la blessure *écologique* aux termes de laquelle non seulement l'homme est un animal comme les autres, mais, technologie ou pas, se trouve soumis aux contraintes écologiques comme tous les être vivants. Ce que toutes ces blessures narcissiques ont en commun, c'est d'avoir leur origine dans des religions qui toutes, absolument toutes, s'enracinent dans le Néolithique comme le prouvent à l'évidence leurs textes.

La Valeur de l'Inutile

Nous pouvons désormais revenir à notre question initiale : pourquoi donc des sociétés qui n'ont besoin de rien économiquement parlant, se donnent-elles pourtant la peine d'organiser des *échanges de choses inutiles* ?

On a vu que les échanges entre les groupes domestiques avaient pour fonction centrale de permettre l'existence même du niveau proprement social qui surplombe des groupes domestiques et permet leur survie à moyen et long terme. Ce niveau proprement social constitue un dispositif assurantiel destiné à amortir à la fois les aléas productifs et l'émergence des conflits inter-groupes.

La fonction des « festins » au moyen desquels le niveau proprement social se régénère et reconstitue *temporairement* le « communisme » interne aux groupes domestiques dont la caractéristique fondamentale et le mécanisme central est la prise des repas en commun. Cette fonction persiste d'ailleurs dans le monde civilisé (particulièrement en France) car les repas en commun, festins et banquets restent fréquents et accompagnent une large partie des « célébrations » et des « fêtes » sans que personne ne soupçonne leur origine « paléolithique ».

Un autre aspect important des « festins » est la plus-value de prestige et de gloire qu'ils confèrent aux groupes qui les organisent et les offrent à la communauté et aux autres groupes domestiques. Les cadeaux et dons de nourriture acquièrent ainsi une valeur non directement utilitaire, mais qui reste cependant transitoire puisque, lorsque la nourriture a été consommée, elle a été anéantie. Dans ce dispositif des « festins » l'accumulation est donc impossible et la seule chose qui peut être accumulée en fait, c'est la *gloire* des groupes donateurs.

Au delà du niveau proprement social *local* qui surplombe les groupes domestiques, les mêmes mécanismes peuvent être étendus – et sont effectivement utilisés – pour l'établissement et-ou le maintien de liens entre groupes proches géographiquement. Et cette fonction est en effet attestée dans toutes les études ethnographiques. Cela peut correspondre à des fêtes et notamment à des festins pris en commun. Mais aussi à des échanges de cadeaux entre groupes ou villages distincts, ce qui pose la question fondamentale de comprendre *ce qui fait la valeur d'un cadeau*, et particulièrement d'un cadeau essentiellement *inutile*.

D'autre part, l'argument ci-dessus ne peut expliquer l'existence d'échanges *à longue distance*, des distances de l'ordre de plusieurs milliers de kilomètres, impliquant des groupes qui ne peuvent guère se connaître et entre lesquels la nécessité d'établir ou de maintenir des liens entre collectivités par ailleurs autonomes ne fait guère sens. Il s'agit donc de comprendre les raisons pour lesquelles des groupes humains autarciques échangent des objets inutiles sur des distances de l'ordre de plusieurs milliers de kilomètres.

Ainsi par exemple, lorsque j'étais enfant, il nous est arrivé plusieurs fois de découvrir des outillages néolithiques de pierre verte. Notre région abonde en silex de très bonne qualité qui affleure un peu partout et qu'il suffit de se baisser pour ramasser. Mais il n'y existe aucun gisement de pierre verte. Renseignements pris...

[https://fr.wikipedia.org/wiki/Roche_verte]

cette pierre verte provient des Alpes du Nord de l'Italie et a fait l'objet d'un trafic intense dans une bonne partie de l'Europe :

[https://www.researchgate.net/publication/296694881_LES_RO CHES_VERTES_ALPINES_PRODUCTIONS_ET_CIRCULA TIONS_NEOLITHIQUES_EN_ITALIE_SEPTENTRIONALE/l ink/56d86a9508aebe4638b851f2/download]

Ce même attrait des hommes du néolitique pour les objets de pierre verte se retrouve d'ailleurs dans d'autres parties du monde.

En ce qui concerne ma région (France, Centre-Val de Loire) l'abondance du silex ne justifie aucunement la nécessité de se fournir en roches « exotiques » pour les besoins utilitaires.

121

Une des raisons qui me paraît pouvoir fonder ce type d'échanges, c'est *l'émotion esthétique*. C'est à dire, le fait que ces objets circulent essentiellement *parce qu'ils sont beaux, curieux, intéressants,* « *magiques* » et bref, d'une manière ou d'une autre, *émouvants*. La tendance des êtres humains à la curiosité, et la très forte sensibilité de l'espèce à l'émotion esthétique, qui sont très probablement une des conséquences de la taille de notre cerveau, semblent être en effet les plus importantes de tout le règne animal. Pour autant, ce n'est pas parce qu'elles semblent – et de loin – les plus importantes de tout le règne animal, qu'elles sont pour autant le privilège notre espèce. Il n'est pas difficile de les observer chez les mammifères – dont nos cousins les grands singes. Elles sont encore plus répandues chez les oiseaux, où elles interviennent dans la sélection sexuelle des partenaires. Le cas des oiseaux jardiniers

[https://fr.wikipedia.org/wiki/Ptilonorhynchidae]

est particulièrement spectaculaire. La curiosité des *pies bavardes* a été également souvent notée.

Ces tendances à la *curiosité* et à l'émotion esthétique se manifestent dans toutes les civilisations humaines et historiquement elles se trouvent à la source des collections hétéroclites des *cabinets de curiosités* :

[https://fr.wikipedia.org/wiki/Cabinet_de_curiosités]

ou *wunder kamer* ou de leurs nombreux équivalents à beaucoup d'époques, tels que par exemple l'habitude de faire des cadeaux d'animaux exotiques parmi les princes et nobles de haut rang ou de constituer des collections royales ou princières d'animaux rares. Pour ne rien dire du tourisme contemporain ou de la simple manie des gadgets ...

Or, il se trouve que l'émotion esthétique est chose mystérieuse – particulièrement pour ceux qui l'éprouvent – et qu'elle a tendance à échapper à la raison. Elle se constate, certes, mais il est toujours difficile de la justifier par un « parce-que ». A la question « pourquoi aimez-vous ou trouvez-vous belle telle ou telle chose ? » que savons nous répondre ? Quelle justification pouvons nous donner ? De sorte que, jusqu'à aujourdhui, le rôle, le mode de fonctionnement et l'histoire évolutive de ce type d'émotions, que ce soit chez les oiseaux ou chez d'autres animaux, humains inclus, est assez mal compris, tant au niveau scientifique qu'au niveau social et même dans les aspects les plus quotidiens. C'était évidemment encore plus le cas chez les peuples anciens. La question se pose donc de savoir ce qu'un cerveau humain peut faire d'une émotion *dont il n'identifie pas clairement la source*, et dont il ne sait pas donner les raisons. Il reste qu'hier comme aujourd'hui, dans bon nombre de cas, il est fortement *impressionné*.

Que se passe-t-il au sein d'un groupe lorsqu'un être humain est le propriétaire d'un objet beau, curieux ou mystérieusement impressionnant ? La réponse qui vient immédiatement à l'esprit, c'est que la possession d'un objet beau, curieux ou impressionnant rend impressionnant le propriétaire lui-même pour les autres membres du groupe. Autrement dit, il acquiert du *prestige*.

On voit par là que le prestige consiste essentiellement en une *appropriation privative* de l'émotion esthétique, au sens ou *l'émotion esthétique initialement associée à un objet se trouve transmise de cet objet au propriétaire de cet objet.* Lorsque le propriétaire parvient à accumuler un assez grand nombre d'objets de prestige, la qualité se transforme en quantité, la charge émotionnelle particulière associée à chaque objet n'est même plus perceptible et disparaît presque totalement de sorte que *c'est le propriétaire lui-même qui devient l'objet d'une sorte d'émotion esthétique devenue sans autre objet particulier, et entièrement transformée en pur prestige.* Ainsi, si un parvenu s'achète un yacht, le Peuple dispose encore de la possibilité de juger des qualités esthétiques du yacht. Avec le second yacht, les plus terre à terre au sein du peuple se risqueront peut-être encore à comparer les mérites du premier et du second yacht. Après l'achat du troisième yacht, c'est le parvenu lui-même que l'on comparera à ses pairs.

Cette émotion esthétique lorsqu'elle tend à se transformer en pur prestige devient une émotion d'ordre presque religieux. La « magie » originellement localisée *dans* la chose est passée dans l'homme et c'est désormais l'homme lui-même qui est magique.

C'est ce phénomène qui seul peut expliquer le fait que les artistes et les poètes aient toujours été employés par les puissants... Et le restent, puisque les collections d'art sont rarement le fait des pauvres ou des clochards (encore qu'il arrive bel et bien que ce soit parfois le cas). Mais c'est aussi la seule explication vraisemblable qui permette de rendre compte de la construction des tombeaux, châteaux, manoirs, palais, temples et cathédrales, dolmens, menhirs, cercles de pierres, alignements de mégalithes, pyramides et autres monuments dans toutes les civilisations où le contrôle de la puissance économique collective acquis par les individus ou groupes dominants leur a permis d'entreprendre l'érection de tels monuments.

Ce qu'il importe de comprendre, c'est que ce qui est à l'oeuvre dans cette manie universelle des édifices et objets de prestige, c'est une alchimie particulière qui consiste à *transformer des éléments naturels réels en imaginaire.* Par matériaux naturels, il faut ici entendre – roches, métaux, pierreries, mais par dessus tout, *le travail humain* qui implique l'approvisionnement en nourriture des travailleurs qui sont ainsi détournés des tâches productives.

Ce que réalise en fait, en tout lieu et en tout temps la puissance inégalitaire, c'est la la *tranformation du réel en imaginaire.* Car de toute évidence, *la fonction de tous ces édifices est purement imaginaire.* Ils n'impressionneront ni la pluie, ni le soleil, ni le gel, ni le vent qui finiront par en faire des ruines, ni les oiseaux qui feront leurs besoins dessus, ni les végétaux qui finiront par s'y établir, faisant éclater les matériaux qui les constituent et les détruisant à la fin quasi entièrement.

Il est tout aussi difficile d'imaginer que la tendance générale des êtres humains à la parure, quoique possiblement née du plaisir esthétique individuel puisse avoir une autre fonction *sociale* , c'est à dire autre que celle d'impressionner – soi-même et-ou ses semblables. La parure a longtemps semblé être un trait spécifique de l'espèce *Sapiens*, avant que l'on en vienne à la répérer aussi chez les Néanderthaliens. On a souvent pris prétexte de sa présence dans des sépultures pour lui attribuer une origine religieuse, en passant sous silence le fait pourtant évident qu'avant que les hommes n'en viennent à décorer leurs morts, il est tout de même hautement probable qu'ils aient commencé par se décorer vivants.

L'émotion esthétique est clairement d'origine biologique et non sociale. Elle n'est nullement spécifiquement humaine, puisqu'on la trouve déjà, par exemple, chez les oiseaux. Son rôle dans l'évolution biologique de l'espèce humaine pré-existe donc nécessairement à son emploi *social* et tout laisse à penser qu'au delà ou en deça de son emploi social, elle remplit des fonctions cognitives importantes qui restent largement à identifier et à élucider.

Mais quant à l'aspect social, l'émotion esthétique est pour le moins *l'une des sources* du prestige, individuel – masculin ou féminin – ou collectif, de lignée, de clan, de tribu, ou de classe et participe depuis très longtemps à l'établissement et au maintien des inégalités dans toutes les sociétés hiérarchisées, faiblement hiérarchisées ou même très faiblement hiérarchisées.

Bien entendu l'émotion esthétique n'est pas la seule source du prestige. C'est aussi le cas de la valeur guerrière, du nombre de femmes accaparées par les puissants (épousées ou non) et, le cas échéant de la force de travail ou des richesses dont les femmes offrent l'accès à leurs époux, maîtres et propriétaires. Dans les sociétés historiques, fortement hiérarchisées et dont la hiérarchie est généralement maintenue par la propagande, la tromperie et en dernier lieu seulement par la force, il va de soi que le nombre et l'étendue des propriétés et des biens, ainsi que le nombre des serviteurs – armés ou pas – et le nombre et la qualité des alliés, ou plus généralement la quantité et la qualité des moyens disponibles et mobilisables constituent aussi des éléments de prestige.

Néanmoins, on peut notere que si l'émotion esthétique est l'une des sources du prestige, elle semble aussi toujours constituer l'un des points d'aboutissement de la puissance et de la richesse. La consultation du moindre magazine « people » permet de s'assurer que les puissants prennent généralement soin de choisir des épouses désirables et-ou de leur procurer les soins et les parures nécessaires à ce qu'elles le deviennent ou le restent. A nouveau on ne peut que constater que l'émotion esthétique (et bien sûr éventuellement sexuelle) ainsi dispensée au Peuple ainsi qu'aux *pairs* – et donc compétiteurs éventuels – des privilégiés, vient **_toujours_** _couronner_ une « puissance », qu'elle soit par ailleurs d'origine politique, militaire, économique ou financière.

Pour autant, ce qu'il s'agit surtout d'analyser ici, c'est *l'origine* du prestige – du prestige des individus ou des groupes – au sein de sociétés originellement égalitaires où les arts et les techniques sont comparativement beaucoup moins développés que dans les sociétés historiques, et où, surtout, les limites écologiques associées aux modes de production de type chasse-cueillette ou même agricoles primitifs contraignent au nomadisme, ce qui restreint la quantité d'objets que l'on peut « posséder » à ce que l'on peut transporter avec soi. C'est la raison pour laquelle, comme le fait observer Marshall Sahlins à partir de témoignages historiques des premiers Européens lors de leurs contacts avec des peuples « primitifs », la plupart du temps les « primitifs » jouaient entre quelques heures et quelques jours avec les objets que leur offraient les Européens puis les abandonnaient sur place. N'en ayant pas d'utilité pratique, ils n'avaient guère de raisons de s'en embarrasser lors de leurs déplacements.

Les choses changent drastiquement avec la domestication d'animaux de bât (qui viennent soulager les épaules des hommes et surtout les hanches des femmes, mais qui n'intervient pas avant - 10.000 ans), qui autorisent le transport d'un plus grand nombre et d'une plus grand diversité d'objets, et surtout, avec la sédentarisation qui permet l'accumulation d'objets de toutes sortes sans inconvénients pratiques.

Cependant, la pratique de l'agriculture n'entraîne pas nécessairement de sédentarisation à long terme. L'agriculture doit en effet tenir compte de la baisse des rendements liée à l'épuisement des sols, ainsi que du pullulement des parasites et des maladies liés à la culture des mêmes plantes dans les mêmes endroits. Par exemple, les Indiens de Guyane française avaient pour coutume de changer de lieux de culture tous les 3 ans afin d'éviter l'accroissement des populations de fourmis-manioc qui dévoraient les récoltes. Suite aux injonctions des missionnaires auxquels ces perpétuels déplacements ne convenaient pas, ils ont consenti à se sédentariser et se sont rapidement retrouvés en situation de famine. [Cf. *Indiens et Français en Guyane* de Jean-Marcel Hurault]

Dans des sociétés de chasseurs-cueilleurs nomades, autarciques, isolées les unes des autres, dont la population est souvent réduite et la distribution des groupes clairsemée, le nombre et la variété des objets produits sont faibles, de sorte que les moyens permettant aux individus de se distinguer au sein de groupes – en outre fortement égalitaires – sont finalement assez rares. L'individualisme y est d'ailleurs peu développé et l'esprit de groupe domine fortement en comparaison de ce que l'on peut observer au sein des sociétés historiques.

Même si ces sociétés « de l'âge de pierre » s'en tirent matériellement plutôt fort bien, tant du point de vue alimentaire que pour tout ce qui touche aux besoins immédiats, l'un des constats que fait Marshall Sahlins dans son livre *Age de Pierre, Age d'abondance*, c'est qu'*on s'y ennuie ferme.* Les occupations les plus variées étant essentiellement les bavardages, les commérages, les fêtes, les conflits internes et externes, et bien sûr, la conquête plus ou moins discrète de la femme du voisin ou de l'homme de la voisine. Toutes choses qui n'ont certes rien perdu de leur actualité dans le monde moderne, mais qui ont aussi leurs limites – même dans le monde moderne – , des limites dont il est aisé d'observer dans n'importe quelle société humaine que toute occasion de les dépasser est systématiquement accueillie avec un enthousiasme quasi effréné. C'est d'ailleurs le ressort principal de toutes les formes de publicité.

Les Dérivés de l'Emotion Esthétique

Je n'ai guère insisté jusqu'ici sur la magie, bien que des objets magiques figurent au nombre des objets « inutiles » échangés au titre des échanges entre collectivités « primitives ». Il y a cependant lieu de faire une différence entre deux acceptions du mot magie, bien que cela ne soit pas facile et puiise être partiellement artificiel ou même infondé.

D'une part toute émotion esthétique peut être qualifiée de « magique » dès qu'elle est suffisamment intense. C'est par exemple cet aspect qu'a cherché à élucider André Breton dans son livre *L'Art Magique*. Dans ce sens particulier, toute émotion esthétique un peu puissante est magique au sens où elle surgit dans l'esprit des hommes comme une sorte de révélation, sans qu'il soit possible de l'assigner à une cause clairement identifiable. Ainsi les poètes-prophètes anciens, abasourdis par la révélation de la puissance et de la portée de leurs propres pensées, en venaient-ils à croire que c'était Dieu, ou un dieu, ou au moins un démon qui parlait par leur bouche. De même, les poètes antiques étaient-ils supposés être inspirés par les muses [Filles de Zeus]. Cela peut nous paraître aujourd'hui un peu naïf sans doute, mais il suffit de remplacer le mot « Dieu » par le mot « Inconscient » pour comprendre qu'au fond des choses, rien n'a véritablement changé. Tout découvreur, tout inventeur, tout novateur – et en mathématiques peut-être encore plus d'ailleurs – sait mieux que quiconque que l'esprit souffle où il veut et quand il veut, même si les historiens finiront, à *posteriori*, par rationaliser les choses

Mais la magie et la religion me semblent avoir, elles aussi, partie liée avec les émotions esthétiques, même s'il s'agit d'une esthétique incontestablement plus sombre et le cas échéant plutôt répugnante ou macabre. Car enfin, sauf à croire que la magie opère réellement – physiquement – on est bien obligé de se rendre à l'évidence que c'est par *les mises en scène* (Et le théâtre est un art !) plus ou moins ésotériques – et qui à vrai dire les constituent – que les opérations des magies fonctionnent.

Les pratiques magiques doivent bien entendu avoir un caractère *ésotérique*, mais elles doivent aussi avoir un caractère *exotérique*, c'est à dire que leur existence doit être reconnue dans toute la société pour que leur pouvoir puisse devenir réel et efficace . Ainsi mon beau-père, Antillais [de souche chinoise, européenne, africaine et caraïbe] avait conservé son revolver d'ordonnance et s'en servait périodiquement à la tombée de la nuit pour « chasser les esprits », disait-il avec un sourire... Pratique d'une efficacité incontestable mais

132

toutefois relative en ce qu'elle n'empêchait pas divers objets étranges et petits sacs aux contenus assez peu ragoûtant d'être déposés en différents lieux du jardin... Rappelons au passage que le *Quimbois*, – qui est le nom de la magie dans les Antilles Française – contrairement au Vaudou, n'est pas d'origine africaine, mais bien européenne et même plus précisément *normande*.

Dans les sociétés occidentales, un enchaînement anormal des malheurs de quiconque ou la mort de qui que ce soit, quand bien même auraient-ils été secrètement organisés par quelque obscur sorcier, n'apparaîtront certainement pas comme d'origine magique pour cette simple raison que dans ces sociétés, la magie n'est plus guère répandue et qu'elle devenue si secrète qu'on en a oublié jusqu'à l'existence. Mais presque partout ailleurs, la magie est une force (publique) considérable. Une force qui rend l'atmosphère sociale générale très lourde et extrêmement pénible à supporter, même pour des étrangers de passage. Que l'on y croie ou pas, on vit beaucoup mieux sans magie. Et sans même aller trop loin, cela reste également encore vrai dans certaines régions de France.

Il ne faudrait pas oublier que l'esthétique n'est pas uniquement associée à la beauté, à la magnificence, au sublime ou à la nouveauté, mais tout autant à l'obscurité, à l'horreur et à la terreur. Là encore, la permanence des films d'horreur, des romans fantastiques et des illustrations comme du contenu des magazines de faits divers nous renseignent sur un versant sombre, officiellement méprisé, sous évalué, mais beaucoup trop négligé de l'esthétique.

De même, on a pris coutume de penser que l'art trouverait son origine dans le religieux... Compte tenu de l'indubitable existence d'émotions esthétiques chez bon nombre d'animaux, il est tou à fait surprenant qu'on n'ait pas plutôt envisagé l'inverse. Car enfin, s'il ne manque pas d'évidences de conduites et de sensibilité esthétiques chez les oiseaux (ou même chez certains poissons), les preuves de sentiments religieux chez les oiseaux manquent en revanche tout à fait. Il serait donc bien plus raisonnable de considérer le religieux comme dérivant du sens esthétique que l'inverse. D'autant que, si l'opinion commune encense les beaux arts tout en feignant d'ignorer l'existence pourtant indéniable, et les conséquences pour le moins aussi importantes, de ce qu'il faut bien se résoudre à nommer l'esthétique de l'horreur, on sait que les deux sont présents et intimement liés dans le sentiment du sacré où se mêlent inextricablement le beau, le sublime, l'extase, la transe, le répugnant, l'horreur et la terreur. De sorte qu'il ne serait probablement pas infondé de parler *d'orgie esthétique* à propos du religieux... S'il ne s'y mêlait aussi un tout autre ingrédient, qui est le prestige et le pouvoir d'influence, et donc les privilèges, qu'en tirent les prêtres de toutes sortes et leurs associés séculiers. Mais aussi, et bien avant les prêtres, les nombreuses sociétés secrètes et-ou initiatiques courantes parmi les sociétés « primitives », sociétés secrètes qui s'arrogent la propriété exclusive du surnaturel, quitte à en faire payer d'une manière ou d'une autre les droits d'accès aux initiés comme aux non-initiés.

L'Enfance des Chefs

Je vais dans la suite m'appuyer sur l'excellent livre
Naissance de l'inégalité de Brian Hayden

[https://www.cnrseditions.fr/catalogue/sciences-politiques-et-sociologie/naissance-de-linegalite/]

qui synthétise à la fois des données d'origine
ethnologique et archéologique quant à la lente
transition qui a permis à certains types d'individus
– de groupes et de lignages – d'occuper des
positions de plus en plus favorables au sein de
sociétés où régnait préalablement une égalité
nettement plus stricte.

Contrairement à ce que suggèrent les légendes qui
ont cours dans les sociétés historiques – dont la
nôtre – *dans les sociétés anciennes le pouvoir ne
s'acquiert pas par la force.* Les société
« archaïques » ne sont nullement régies par la
« loi de la jungle ». Une loi parfaitement
imaginaire d'ailleurs pour ce qui concerne la
jungle, comme en témoignent les livres très
documentés de *L'Entraide, l'autre loi de la jungle*

Pablo Servigne et Gauthier Chapelle et le livre bien plus ancien de Pierre Kropotkine, *L'Entraide, un facteur de l'Evolution...*

La « Loi de la Jungle » peut sans doute paraître raisonnablement appropriée à la description de *certains aspects* du cours usuel des choses dans le Capitalisme, mais elle ne saurait constituer un élément clé de la théorie de l'évolution biologique et encore moins d'une compréhension rationnelle du fonctionnement des sociétés anciennes.

> Les premiers chefs ont dû réaliser très vite qu'atteindre à la fortune et au pouvoir par la seule force brute pouvait se retourner contre eux et entraîner leur expulsion ou leur exécution discrète. La contrainte était beaucoup moins efficace que l'échaffaudage de plans promettant des avantages aux autres membres de la communauté, plans combinés à une judicieuse utilisation de la force si cela pouvait être fait en tiute impunité.
>
> **Brian Hayden**, *Naissance de l'inégalité*, P33

Les sociétés égalitaires et trans-égalitaires (c'est à dire en transition vers l'inégalité) ont donc mis en place des mécanismes leur permettant de combattre les menées des ambitieux trop arrogants ou entreprenants.

> En 1995, j'ai soutenu que les communautés disposaient de leur libre arbitre. Si elles percevaient que le comportement d'un individu était préjudiciable au bien être supérieur des membres de la communauté, cet individu était tué ou forcé à partir. Ces formes de contôle sont très nombreuses et, au cours de mon travail dans les montagnes mayas, j'ai entendu raconter maintes histoires sur la façon dont elles fonctionnaient. Il semblerait donc que ces chefs ambitieux et ces élites ne pouvaients se risquer à faire quoi que ce soit pour menacer le bien être des autres membres de la communauté sous peine de représailles (ce qui est en opposition aux autres théories politiques basées sur l'utilisation de la force comme celles d'Antonio Gilman). Si les

chefs ne pouvaient obtenir des avantages par la menace ou par la force, alors ils étaient contraints d'employer la ruse afin que les autres membres de la communauté acceptent de participer à de activités destinées au développement des surplus. -

Brian Hayden, *Naissance de l'inégalité*, P32

Mais la ruse et la justification des entreprises des ambitieux par des motifs d'intérêt général ne sont toutefois possibles que lorsqu'elles ne lèsent pas notablement les besoins vitaux des gens.

Il semble clair que les activités des chefs, y compris l'appropriation des ressources fournissant les surplus, [...] ne sauraient être tolérées que si chacun était assuré de sa propre subsistance.

Brian Hayden, *Naissance de l'inégalité*, P32

Les Ruses de l'Esprit du Don

L'argument fondamental de la thèse de de Brian Hayden quant à la naissance de l'inégalité, c'est que l'inégalité ne se développe pas dans des sociétés en situation de crise économique, mais au contraire dans des sociétés économiquement prospères qui *produisent des surplus aisément et de façon stable.* Cette stabilité dans la production de surplus est un argument essentiel, car il n'est pas possible d'établir une politique de prestige durable à partir d'une utilisation des surplus qui ne le serait pas. Ce n'est que lorsque la production de surplus devient reproductible qu'ils peuvent alors être extorqués par la ruse par les ambitieux sans d'abord trop léser les victimes. D'autant que ces surplus sont d'abord destinés à être utilisés par les apprentis en mal de chefferie comme cadeaux libéralement distribués à la population.

> Toutes les activités majeures de développement des élites et proto-élites étaient basées sur la production et l'utilisation des surplus, qu'ils soient destinés à donner des festins, des présents, des dots, à conclure des alliances, des échanges, à acquérir des objets de prestige ou à toute autre activité.

> **Brian Hayden**, *Naissance de l'inégalité.* P32

Dans une communauté égalitaire, celui fait des cadeaux est généralement plus populaire et donc plus prestigieux que celui qui n'en fait pas. Mais on va voir que moyennant la logique du « devoir donner- devoir accepter – devoir rendre », celui qui donne beaucoup *oblige* celui à qui il donne à *accepter* le don (sous peine de créer un conflit ouvert) et à *rendre* davantage, et ceci que ce dernier se trouve en avoir les moyens ou non. Cette stratégie apparemment toute emprunte de générosité consiste donc *aussi* à contraindre les pauvres à s'appauvrir davantage, jusqu'à devenir possiblement insolvables. Le mécanisme est donc à double effet. D'une part il permet d'accroître la gloire du candidat à la chefferie au moyen de généreux cadeaux, mais d'autre part il permet aussi de ruiner la réputation des plus pauvres en les faisant apparaître comme des radins ou comme des producteurs paresseux et incapables, et donc, à terme de fragiliser leur situation économique. S'il n'enrichit pas forcément le généreux donateur, le système du « donner – accepter – rendre » creuse du moins l'inégalité en accablant les plus pauvres. L'argumentation utilisée par les riches et les puissants pour discréditer les pauvres n'a d'ailleurs pas changé d'un iota depuis l'époque lointaine des débuts de l'établissement des inégalités : les pauvres sont des paresseux, des incapables, ou des handicapés mentaux que « la société » devrait abandonner à leur lamentable sort. Bref, des *losers* selon l'éthique *protestante* en vigueur un peu partout.

Il faut noter au passage que le principe du jeu consiste à *acheter de l'imaginaire* – en l'espèce de la gloire et du prestige – *au moyen de surplus inutiles en termes de besoins alimentaires réels*. On voit donc déjà poindre le bout du nez de l'argent, qui, lui aussi consiste à transformer des éléments du réel en abstraction généralisée, c'est à dire en *imaginaire*. Ceci sur la base même d'une exigence d'égalité qui oblige le donataire à rendre au donateur *un peu plus* qu'il n'en a reçu. Cet « un peu plus » ne correspond nullement à la notion d'intérêt, mais à ce *léger excédent* qui permet d'assurer sans contestation possible que le contre-don est *au moins équivalent* au don initial, et que le donateur n'a nul lieu de se plaindre car il est « bien servi ». Cette tradition du *léger excédent* n'a rien perdu de son actualité dans les sociétés historiques où il n'est guère difficile de l'observer. Il reste que, quoiqu'apparemment pavé des meilleures intentions égalitaristes à la racine, le système du donner – accepter – rendre, installe le rapport créancier-débiteur, et se met ainsi à créer de la *dette*, autrement dit de l'inégalité. Comme en outre le fait de refuser un cadeau est généralement très mal vu, sinon cause de fâcherie ouverte ou d'inimitié éternelle, plus on donne à un pauvre et plus il s'appauvrit. C'est ce « léger excédent » qui finit par dériver dans le potlatch, entraînant des sociétés toutes entières dans des dépenses de prestige inconsidérées.

Il existe plusieurs manières de se mettre en mesure de faire des cadeaux dans une société égalitaire où on ne peut malheureusement pas exploiter paisiblement son prochain comme c'est le cas dans *toutes* les sociétés historiques... L'une d'entre elle est l'auto-exploitation, comme elle se trouve pratiquée dans les sociétés à *Big Man* mélanésiennes décrites (par exemple) dans le livre de Marshall Sahlins où le *Big Man* travaille plus dur que les autres afin d'avoir des cadeaux à offrir et obtenir ainsi gloire et reconnaissance universelle – quoique locale.

Une autre manière d'acquérir de quoi faire des cadeaux, mentionnée également par Marshall Sahlins chez les Maori, consiste à trouver des complices pour organiser des raids de pillage chez les voisins afin de distribuer le butin entre les groupes domestiques de son propre village qui ne manqueront pas de chanter les louanges des généreux donateurs. C'est un métier difficile... Non seulement on s'expose à perdre la vie, les voisins ayant le mauvais goût de ne pas se laisser faire, mais de plus, on se trouve soumis à la concurrence de ses complices qui, s'ils se jugent mal rétribués de leur efforts guerriers peuvent songer à monter leur propre affaire. Sans compter qu'avec cela, les gens sont ingrats et que si l'on manque trop longtemps à être généreux, ils peuvent fort bien vous préférer quelqu'un d'autre. Un vrai chef se doit d'être généreux et s'il y manque, il n'est plus chef. Pire s'il proteste ou s'enferre dans ses erreurs, les sagaies se perdent dans la nuit – touchant néanmoins leur cible – et lors des veillées, chacun se remémorera la triste histoire tout en murmurant qu'on est bien peu de chose...

A ce sujet, on se souviendra qu'assez récemment encore, en Occident même, outre le fait que les festins et les beuveries sont fort attestés chez les Celtes, il semble bien que dans la Geste

Arthurienne, le prestige et même la royauté d'Arthur se trouve mis en jeu lorsqu'un intervenant fait au roi une demande que celui-ci ne se trouve pas en mesure d'honorer...

De l'Art de se Faire Prestigieux

Le plus sage consiste donc à dépouiller en douceur de leurs biens les gens de son village ou de son peuple, ou mieux, car c'est encore plus discret, la communauté elle-même et ses *biens communs*. Et pour cela, mieux vaut ruser et avancer masqué... Les recettes sont connues, éprouvées et du reste toujours en vigueur dans les sociétés historiques qui, pour en avoir inventé beaucoup d'autres, ne dédaignent nullement d'en employer d'anciennes.

Brian Hayden a répertorié 13 de ces stratégies, que je classe ci-dessous dans un ordre différent du sien parce que l'argument de son analyse est d'orientation économique tandis que le mien est centré sur le rôle que joue l'imaginaire.

Stratégies fondées sur le don et visant à créer des dettes

Instauration d'un dispositif d'endettement

La manière dont le dispositif du « donner-accepter-rendre » permet de mettre en place un dispositif d'endettement a déjà été longuement décrite, elle est d'ailleurs reprise dans les variantes présentées ci-après. Outre que les dispositifs d'endettement sont fort utilisés dans les sociétés historiques, il faut noter que *la dette est un dispositif entièrement fondé sur l'imaginaire.* Dans une société où ne règnerait que la force brute, le débiteur ne se sentirait contraint d'honorer sa dette que dans la mesure ou la force militaire du créancier serait clairement supérieure à la sienne.

Echanges et profits

On a vu que cette stratégie consiste à jouer sur le léger excédent associé au contre-don qui permet de rendre visible que, le contre-don est au moins équivalent au don initial. Si ce léger excédent est insuffisant, alors la partie effectuant le contre-don est en situation de dette. On a vu également que comme refuser un don est considéré comme une insulte, le donateur pouvait pousser vers la misère un donataire contraint de puiser dans ses resources pour constituer un contre-don un peu plus qu'équivalent. Le genéreux donateur acquiert du *prestige* tandis que celui qui peine à constituer le contre-don perd le sien.

Festins

Offrir un festin n'est rien d'autre qu'un don en nature. Et pas moins qu'un autre « à charge de revanche », La même mécanique de développement du *prestige* s'applique à nouveau pleinement.

Pots de vins

Les petits cadeaux discrets à des partisans pas nécessairement très convaincus, mais bien choisis permettent de faire basculer la popularité en sa faveur dans les circonstances delicates où il faut s'acquérir des suffrages publics pour obtenir des avantages ou se tirer d'une manœuvre un peu trop voyante. Toutes manières d'augmenter ou de conserver son *prestige*, et bien sûr de se créer un ou des obligés.

Propriété

La manière usuelle d'insinuer un droit de propriété sur des biens communs, consiste à investir plus lourdement et surtout *visiblement* plus que quiconque autre dans la construction et-ou l'entretien de ces biens communs. « *Oui, bien sûr c'est commun, c'est à nous tous, oui. Mais j'y a plus de droits que quiconque parce que si je n'y avais pas contribué de toutes mes forces ce bien commun n'existerait peut-être pas, ou plus* » réfléxion typique des contextes de sociétés à Big

Man. A nouveau, l'objectif final est le prestige, mais avec ce bénéfice secondaire de mettre la main sur les moyens de créer des surplus destinés à faire des cadeaux qui eux-mêmes permettront d'accroître son *prestige*.

Prix de la fiancée et dots

Commençons par clarifier les choses :

> En anthropologie, *le prix de la fiancée* est un don fait à la famille de l'épouse à l'occasion d'un mariage. Nommé Lobola en zoulou, il se distingue du *douaire*, qui est un don fait directement à l'épouse, et de la *dot,* qui est pour l'anthropologie un don apporté par la famille de l'épouse au ménage .
>
> Source :
>
> https://fr.wikipedia.org/wiki/Prix_de_la_fianc%C3%A9e

Là encore le mécanisme donner – accepter – rendre est pleinement à l'oeuvre, autorisant toutes les démonstrations de *prestige* pour les deux partis, et fournissant une occasion de se ruiner pour le parti donateur et de s'enrichir pour le parti donataire...

Investissement dans les enfants

Outre qu'il est usuel d'espérer que la gloire des parents se propagera à leurs enfants et qu'il convient donc de les parer de tous les attributs du *prestige* déjà acquis afin qu'ils puissent y ajouter, il est donc utile de mettre tout en œuvre pour que ses enfants soient perçu comme de « beaux partis » en vue d'un mariage qui permettra de s'allier à des familles ou à des clans prestigieux et de par là d'accroître son prestige ou celui de son clan. Comme le remarque Brian Hayden, « *Le résultat est que, en général, les enfants de familles riches épousent dans d'autres familles riches [...] cette stratégie conduit normalement à un système de classes* »

Toutes les stratégies résumées ci dessus ont en commun l'utilisation d'un mécanisme économique pour acquérir du prestige, maintenir son prestige ou faire perdre du prestige à d'autres. En second lieu, ces stratégies permettent certes aussi d'obtenir des avantages économiques, mais dont l'emploi final, l'objectif réellement atteint au bout de la chaîne économique, c'est à dire par des cadeaux judicieux, sera à nouveau le *prestige*.

Brian Hayden semble suggérer que le coeur de sa thèse c'est que les chefs cherchent à obtenir un pouvoir de nature *politique*... J'arguerai – après La Boétie et le *Discours de la servitude volontaire* et quoique sans me trouver en mesure d'y mettre son talent – que le *pouvoir politique est de nature absolument imaginaire*. Mais au-delà de ce rappel, le point de vue de Brian Hayden me semble insuffisant pour au moins deux raisons :

D'une part la politique n'a rien de spécifiquement humain comme l'a montré Frans de Waal dans son ouvrage *La Politique du Chimpanzé*, et il faudrait alors compléter le point de vue de Frans de Waal en montrant en quoi et en quoi la politique humaine diffère de la politique du chimpanzé dans ses moyens et dans ses buts. Or bien que je n'aime guère établir de séparations entre les animaux, les buts de la politique des chimpanzés semblent tout de même fortement limités à l'obtention d'avantages *biologiques*, à quoi ne se résument nullement ni les moyens, ni les buts des stratégies politiques humaines.

D'autre part, et il faut le rappeler lorsque l'on parle de pouvoir, le pouvoir est un *moyen* et non un but. Si un citoyen se débrouille pour acquérir le pouvoir suprême, tel que celui de président dans une démocratie présidentielle, et qu'il n'en fait rien, on pourra bien dire qu'il a le pouvoir, mais en fait il n'a que le *prestige*. Les exemples ne manquent pas de présidents au prestige incontestable, aimés de leur Peuple sans doute, mais dont ce même Peuple sera fort embarrassé si on lui demande ce que le dit président a fait du pouvoir dont il a hérité – par la volonté du Peuple. Ce que le Peuple admire ou envie chez les puissants, ce n'est certes pas le pouvoir, dont il ne saurait généralement que faire si on le lui donnait – passé quelques tocades ou quelques charités dont il a pu rêver, vite satisfaites au regard des moyens dont dispose généralement un président – mais bien le *prestige*, c'est à dire ce sentiment de nature esssentiellement *esthétique* que satisfait chez lui la presse "people". Et qui, qu'on s'en afflige ou non, semble tout à fait hors de portée des chimpanzés. Je dis que le prestige, pour les dominants comme pour les dominés est un sentiment de nature *esthétique*, au moins au sens surréaliste du mot esthétique, parce qu'il est essentiellement de l'ordre du *rêve*, du rêve éveillé. Il est cette rêverie qui subjugue les dominés – i.e. qui les soumet au joug – mais aussi les dominants qui, *possédés* par ce rêve, ont combattu pour l'atteindre... Et se retrouver nus devant ce rêve au bout de leur aventure.

Stratégies fondées sur l'imaginaire et l'émotion esthétique

Je vais donc dans la suite examiner les stratégies identifiées par Brian Hayden par lesquelles l'émotion esthétique *et tout ce qu'elle gouverne* (magie et religion notamment) participent à l'élaboration du prestige et en éclairent la nature.

Objets de prestige

J'ai déjà examiné plus haut tout ce que les objets, momuments et mises en scène de prestige devaient à l'Art, et combien leur fonctionnement impliquait de fascination d'origine mystérieuse – non explicitement identifiable – *tant chez les possesseurs de ces objets que chez ceux qui doivent se contenter de les contempler.*

Mise à distance des autres

Il s'agit d'éléments de mise en scène qui permettent aux candidats au prestige de se différencier des autres, et de leur faire croire, ainsi que de se faire croire à eux-mêmes qu'ils sont d'une essence ou d'une nature différente des autres. La différence majeure avec les objets de prestige proprement dits, c'est qu'il s'agit d'un *théâtre* où les objets de prestige tiennent d'ailleurs une place notable sinon essentielle. Comme on sait, *l'art tient autant à ce qu'il cache qu'à ce qu'il montre.*

Accès au surnaturel

Il s'agit d'une variante de la stratégie précédente un peu comparable à ces manèges de fêtes foraines, type train fantôme, ou hall des morts-vivants, où ce qui est montré à l'extérieur est censé donner un aperçu – impressionnant ! – de ce que le client pourra voir et « vivre » à l'intérieur *après avoir payé son ticket.* Bref il s'agit de l'institution de sociétés secrètes, initiatiques, se plaçant en position de monople quant à l'accès au sacré. Selon la belle expression d'une amie, « Le religieux c'est le concierge de la Totalité »...

> Dans les sociétés complexes de chasseurs-cueilleurs, seuls les plus riches obtiennent les esprits protecteurs

les plus puissants, pénètrent les loges les plus secrètes et participent aux rituels qui se tiennent dans les anfractuosités des plus profondes de la terre. Dans d'autres sociétés, les leaders prétendent descendre d'ancêtres puissants qui ont le pouvoir d'accorder de bonnes récoltes et de punir ceux qui refusent de coopérer. Les chefs se battent aussi à qui aura les plus gros fruits et les plus gros légumes pour démontrer la supériorité de leurs aptitudes magiques .

Brian Hayden, *Naissance de l'Inégalité*. P 66

Cela me rappelle un féodal du pays qui, par un juteux "hasard", possédant sur ses terres la seule église du village avait inventé de faire payer les paysans de la paroisse chaque fois qu'ils voulaient se rendre à la messe. Au bout d'un certain temps, les bons paroissiens ont fini par se résoudre à construire une église, prudemment, à l'autre extrémité du village... Comme le professent excellemment les protestants : si vous êtes riche, c'est que Dieu vous aime. Vous êtes donc un *winner* et vous irez au Paradis ; si vous êtes pauvres, c'est que Dieu ne vous aime pas. Vous êtes un *loser* et vous irez probablement en Enfer.

Tabous, amendes et contrôle de la résolution des conflits

Laissons ici la parole à Brian Hayden :

L'un des traits les plus fréquents dans les sociétés transégalitaires, est la prolifération excessive de tabous qui semblent souvent arbitraires. [..] En général, les chefs prétendent que briser ces tabous expose tout le village à des risques

153

surnaturels et tout particulièrement ses chefs. Par conséquent, on inflige des amendes et des pénalités aux contrevenants, payables ordinairement au chef du village.

Quant à la résolution des conflits internes locaux, on connaît assez le rôle de juges que s'arrogent toujours les puissants et on sait aussi combien... « Selon que vous serez puissants ou misérables, les jugements de cour vous rendront blanc ou noir ». Là encore, le mécanisme n'a rien perdu de son actualité.

Manipulation des valeurs culturelles

A nouveau, laissons la parole à Brian Hayden :

> Pour mettre en œuvre la plupart des stratégies précédentes, les chefs ont clairement intérêt à promouvoir certaines valeurs collectives et à en exclure d'autres . [...] Les ancêtres ont le pouvoird'accorder fécondité et richesse (en particulier les leurs). [...] Chaque fois qu'ils le peuvent, les chefs tordent, promulgent, négocient, reformulent ou ré-écrivent les règles dans la recherche des leurs propres intérêts, même les généalogies historiques sont sujettes à d'évidentes manipulations comme l'ont montré Edmund Leach, Jérôme Rousseau et Thomas Hakansson entre autres...

Guerres et autres calammités

Ici il s'agit de la variante ancienne de ce qui est désorlmais bien connu dans le monde moderne sous le nom de « stratégie du choc » et qui consiste à profiter des guerres et des désastres pour avancer ses pions et en faire ses choux gras.

Mais la variante ancienne comportait plusieurs volets qui ne sont pas toujours tous présents dans les versions modernes. Elle comportait un aspect *préventif* qui consiste à organiser des cérémonies où les chefs tiennent les premiers rôles pour prévenir les catastrophes, un aspect *curatif* qui consiste à organiser à nouveau des cérémonies aussi prestigieuses qu'il se pourra pour leurs initiateurs pendant ou après la catastrophe – s'il reste des survivants – et un passage final à l'encaissement – de prestige – quand les plus pauvres n'ayant pas été en mesure de participer dignement aux cérémonies en question, sapent donc aux yeux de tous l'efficacité des rituels, mettant ainsi en danger la communauté toute entière, que les chefs avaient pourtant mis tous leurs efforts et leur moyens à sauver.

Par ailleurs, après une guerre, lors de l'établissement des traités, l'occasion est belle d'en tirer au passage quelques avantages.

En résumé... Le premier groupe de stratégies dites *de pouvoir* s'appuie sur des relations économiques pour obtenir du prestige. Le prestige est essentiellement obtenu par des dons qui sont eux-mêmes alimentés par les surplus. Dans le second groupe de stratégies, *l'attaque porte directement sur l'imaginaire*. Le prestige lui-même – ou les dérivés de l'émotion esthétique – sont utilisés pour obtenir soit des avantages économiques qui alimenteront le prestige, soit *directement* pour obtenir encore plus de prestige.

L'Accumulation Primitive de l'Imaginaire

Examinons maintenant l'évolution historique de la croissance de l'inégalité dans la perspective proposée par Brian Hayden, en ramenant les choses à leur dimension biologique, c'est à dire en comparant l'utilisation des surplus dans l'espèce humaine dans les sociétés en cours de transition vers l'inégalité et celle qui en est faite chez les autres animaux :

> Les autres animaux ne peuvent utiliser plus de nourriture qu'ils n'en consomment. Si certains animaux, comme les écureuils et les abeilles stockent de la nourriture et accumulent des surplus, ils ne peuvent absolument pas en utiliser plus que ce que peut consommer un individu ou sa communauté immédiate. Au delà de cette quantité, tous les surplus accumulés sont purement et simplement gaspillés. Comme la plupart des animaux, les chasseurs-cueilleurs organisés en sociétés simples ne stockent pas de nourriture et n'utilisent pas de surplus au-delà de ce qu'ils peuvent consommer et utiliser à court terme. Comme chez d'autres primates, il y a certainement des incidents où de la nourriture est donnée en cadeau ou pour établir des alliances ou d'autres relations. Cependant, cette faible utilisation des surplus de nourriture n'a d'autre impact sur leurs adaptations élémentaires que le resserrement des alliances et de liens de parenté.
>
> **Brian Hayden,** *Naissance de l'inégalité.*

157

La question se pose donc de comprendre comment on passe de cette situation *écologique* assez simple et qui a perduré pendant un à deux millions d'années à celles des sociétés complexes et hiérarchisées. Le génie de la thèse développée par Brian Hayden est d'avoir mis en évidence que cela résultait d'un changement technologique permettant de

> « produire, stocker et transformer des *surplus* et l'introduction concomitante d'une compétition basée sur l'économie».
>
> **Brian Hayden,** *Naissance de l'inégalité.* P47

La plupart du temps, les gens ont tendance à penser que la production de stocks est un effet du passage au néolithique, agriculture et-ou élevage. Les éléments archéologiques actuellement disponibles, et attestés chez bien d'autres auteurs que Brian Hayden, indiquent au contraire une évolution inverse... Le passage à l'agriculture et-ou à l'élevage se produit *dans des sociétés de chasseurs-cueilleurs avancées du Paléolithique Supérieur* où la population a déjà atteint des densités sensiblement équivalentes à celle des premières sociétés agricoles. Je n'insisterait pas davantage ici sur la manière dont les technologies de conservation et de stockage sont apparues et qui se trouvent mises en évidence par les recherches archéologiques. C'est l'objet du chapitre 3 du livre de Brian Hayden et le lecteur devrait s'y reporter.

Ce qui importe ici c'est ce paragraphe lumineux de Brian Hayden :

> Cependant au Paléolithique supérieur [...] un changement

technologique s'est produit qui devait changer radicalement la place de l'humanité. Ce changement a créé un paradigme écologique entièrement nouveau caractérisé par la capacité de transformer les surplus de nourriture en d'autres **articles convoités** comme des **objets de prestige**, des dettes ou du travail.

Brian Hayden, *Ibidem.*.

La question que ne soulève pas Brian Hayden dans la citation ci-dessus parce que sa vision est essentiellement politique, c'est : *qu'est-ce qui fait qu'un objet est convoité, qu'est-ce qui fait qu'un objet est un objet de prestige* ? Car au bout du compte, que ce soit au moyen des dettes ou du travail, *tout* ce qui fait *apparemment* l'objet d'une compétition économique ou politique finit par se traduire et se résorber en objets de prestiges, parures, tumulus, pyramides, palais, temples, cathédrales, toutes choses qui ne puisent et ne prennent leur sens que dans *l'imaginaire* humain et ne font aucun sens du point de vue des autres animaux. A l'exception peut-être des animaux dotés d'un sens esthétique suffisamment développé pour capables par conséquent d'employer des éléments d'origine humaines dans leur propres constructions esthétiques, comme cela semble être le cas des oiseaux jardiniers.

Autrement dit, *les surplus alimentaires ne pouvant pas avoir d'utilité dans la réalité, la stratégie des chefs consiste à leur trouver une utilité **dans l'imaginaire**.*

Je pense comme Brian Hayden que l'apparition de surplus gouverne la naissance de l'Economie et de ses *jeux* pour cette raison méconnue

159

quoiqu'évidente qu'*on ne peut économiser que ce qu'on a en trop*. Mais je pense que sa thèse est incomplète au sens où l'économie apparaît et est toujours apparue partout et à tous comme *un moyen*, dont il convient par conséquent d'identifier les *fins*. Plus précisément, les hommes sont des animaux et ils n'ont pas, en fait, d'autres besoins réels que les autres animaux, à savoir : se nourrir, dormir, se mettre à l'abri, attaquer et se défendre, copuler et se reproduire, et prendre soin de leur progéniture. C'est à peu près tout et c'est fort peu.

Ce n'est guère difficile à satisfaire... C'est d'ailleurs pourquoi les Physiocrates (i.e. 17e - 18e siècles) considéraient l'agriculture comme la source véritable réelle de toute richesse :

> « Pour les physiocrates, la seule activité réellement productive est l'agriculture. La terre multiplie les biens : une graine semée produit plusieurs graines. Finalement, la terre laisse un produit net ou surplus. L'industrie et le commerce sont considérés comme des activités stériles car elles se contentent de transformer les matières premières produites par l'agriculture »
>
> Source : https://fr.wikipedia.org/wiki/Physiocratie.

Comme l'illustre avec prolixité le livre *Age de Pierre, Age d'Abondance* de Marshall Sahlins, les sociétés de chasseurs-cueilleurs parviennent aisément à satisafaire leurs besoins *biologiques* sans se soucier de créer des surplus, et même tout au contraire, en mettant en quelque sorte tout en œuvre pour ne pas en créer. Les sociétés agricoles primitives y parviennent également dans la mesure où elles restent suffisamment égalitaires et où les mécanismes permettant de créer *l'inégalité, c'est à dire la misère,* n'y sont pas encore pleinement déployés.

> Les chasseurs-cueilleurs organisés en sociétés simples utilisent des outils comme font d'autres animaux. Ils concluent des alliances sociales pour se défendre ou se procurer de la nourriture, comme le font d'autres animaux . Certes les humains ont un langage, mais il n'est pas sûr, qu'il ait eu, chez les plus anciens chasseurs-cueilleurs, un effet quelconque sur l'acquisition de nourriture ou l'utilisation de l'énergie. En conséquence, la démographie des chasseurs-cueilleurs organisés en sociétés simples ne paraît pas vraiment différente de la dynamique démographique des autres omnivores. Ainsi pendant les deux premiers millions d'années, les humains ne paraissent pas avoir beaucoup divergé du reste du monde animal [...]

> **Brian Hayden,** *Ibidem.*

Ce que j'ajoute à la thèse Brian Hayden, c'est qu'au delà des besoins que nous avon en commun avecs les autres animaux, *tous les autres besoins humains appartiennent au domaine de l'imaginaire.* Le lecteur subtil m'aura compris à demi mot et il se dira que c'est évident et que cela va sans dire (au fond, « What else ? »)... C'est vrai, mais ça va mieux en le disant.

Au total, il faut constater que, pour l'essentiel, *on ne soumet pas les hommes par la force, mais par l'imaginaire.* Et que *cette soumission aux images ne concerne pas seulement le peuple,* éternellement soumis et éberlué au spectacle des puissants, *mais aussi et pas moins, les puissants eux-mêmes...* Qui certes, s'en servent pour maintenir leur domination, mais s'y trouvent tout autant englués et soumis, en tant que cette soumission aux images constitue l'objectif ultime et irrévocable de leur action et en fait la seule trace matérielle qu'ils laisseront sur terre après leur mort, que ce soit sous la forme de tombeaux somptueux, du sacrifice des humains associés à leur vie et à leurs funérailles, des parures ou des monuments qu'ils auront pu faire construire grâce au travail des ouvriers et des artistes qu'ils auront pu se soumettre, certes, mais surtout bien plus essentiellement qu'ils auront pu *nourrir* au moyen des surplus alimentaires.

Il en résulte que vivre libre, construire une société humaine libre, c'est *vivre à hauteur des images*, et non soumis à leur pouvoir. Et il en résulte aussi que cet impératif ne concerne pas seulement les artistes et les poètes, *mais tous les hommes*, pour autant qu'ils veuillent vivre libres et non soumis aux productions de leurs propres cerveaux, productions qui ne sont rien d'autre que les productions, quelque peu *erratiques*, individuelles et collectives, de leurs *inconscients...* Ce dont témoigne l'extrême diversité et étrangeté, pour ne pas dire l'extrême *incongruité*, de leurs rituels.

C'est cette liberté par rapport aux images qui ne peut être atteinte que par la familiarité qu'acquièrent par leur *travail* – c'est à dire par *la pensée de leur symbiose avec leur propre inconscient* – les poètes et les artistes, qui doit par conséquent désormais s'étendre à tous. Une fréquentation éclairée et joueuse des labyrinthes de la pensée humaine, *une attention aux images* qui nous porterait enfin à *jouer avec elles* au lieu d'êtres *joués par elles* comme il a eu cours depuis quelques dizaines de milliers d'années.

Voilà qui jette une lumière particulière sur la proposition de Lautréamont : *la poésie dit être faite par tous et non par un.*

Il ne s'agit nullement ici de réaliser l'art comme le proposaient les Situationnistes, pas plus qu'il ne s'agit de rendre la vie quotidienne esthétique. Il s'agit bien plutôt de *la réalisation de l'Alchimiste par son propre travail.* Pour autant, compte tenu de la difficulté d'un pareil projet et des circonstances de la crise écologique en cours dans lesquelles il faudrait le mener à bien, le lecteur m'aura mal compris s'il en tire la conclusion – en ce qui me concerne du moins – d'une qualité quelconque... d'optimisme.

Les dernières dizaines de milliers d'années d'existence de notre espèce ont essentiellement consisté en une destruction systématique du monde réel au profit des fantasmagories *imaginaires* créées par notre "puissant" cerveau.

Fantasmagories qui ont conduit, à la création, à la production systémique et à l'accroissement universel de la *misère*, non seulement au sein de l'espèce humaine elle-même, mais beaucoup plus largement d'une *misère biologique* qui sous les terminologies "d'extinction de masse" ou de "destruction de la diversité biologique", s'est peu à peu étendue à la totalité du monde vivant.

Quiconque en viendrait à croire que la surpopulation, la multiplication effrénée des hommes, serait la source de ce désastre devrait penser un peu plus loin, et méditer cette phrase du philosophe légiste chinois Shang Yang de la période des Royaumes Combattants (350 ans avant J-C) :

"Le supérieur n'est supérieur que parce qu'il a beaucoup d'inférieurs".

Car cette phrase désigne la cause et la racine véritables de l'accroissement vertigineux des populations humaines dans le cours des dernières dizaines de milliers d'années, aussi déraisonnable que biologiquement récent. Un phénomène d'abord lent, mais à bien y regarder largement parallèle à au lent établissement puis à l'extension universelle des sociétés inégalitaires, comme à l'accroissement des inégalités au sein même de ces sociétés.

Tout *Seigneur*, qu'il réside au ciel ou sur la terre, tout *Berger* (que ce soit d'hommes ou d'autres bêtes) a toujours trouvé un intérêt direct à ce que son bétail *"croisse et multiplie"*...

Décembre 2021